Mein literarischer Zoo

Kate Sanborn

Writat

Diese Ausgabe erschien im Jahr 2024

ISBN: 9789359943794

Herausgegeben von
Writat
E-Mail: info@writat.com

Inhalt

JEDERMANNS HAUSTIERE.

Die Welt hat ihn noch nicht gesehen,

Wer hat nicht schon einmal ein Haustier geliebt?

Es handelt sich nicht um die menschlichen Haustiere berühmter Persönlichkeiten, wie zum Beispiel Walter Scotts Haustier Marjorie, die bezaubernde, altkluge kleine Hexe, die der „Zauberer des Nordens" so liebte, oder Bettina von Arnim , das exzentrische, brillante Mädchen, deren schwärmerische Vergötterung der große Goethe friedlich förderte, sondern um die stummen Lieblinge angesehener Männer und Frauen.

Ich muss ein paar Seiten den verschiedenen Hommagen an Insekten, Vögel und Tiere widmen, über die mit Liebe, Mitleid oder Bewunderung geschrieben wurde, die jedoch nicht als Haustiere betrachtet wurden, wie Burns' Ansprache an die Mousie :

Es tut mir wirklich leid, die Herrschaft des Menschen

Hat die soziale Verbindung der Natur gebrochen,

Und rechtfertigt diese schlechte Meinung,

Das lässt dich erschrecken

Auf mich, deinen armen Erdengefährten

Und Mitsterblicher;

und ein anderer an ein unaussprechliches Insekt, das sich auf Maus reimt. Wir erinnern uns auch an seinen Aufsatz über den unmenschlichen Menschen, als er einen verwundeten Hasen vorbeihumpeln sah. Die Fliege wurde oft in Prosa oder Versen gewürdigt , aber wir alle mögen die wohlwollende Rede des lieben Onkels Toby in Tristram am liebsten. Shandy zu der übergroßen Schmeißfliege, die ihm beim Essen um die Nase gesummt und ihn grausam gequält hatte und die er nach unzähligen Versuchen schließlich doch gefangen hatte. „Ich werde dir nichts tun", sagte Onkel Toby; „ich werde dir kein Haar krümmen. Geh", sagte er und hob das Fenster hoch – „geh, armer Teufel, mach, dass du wegkommst. Warum sollte ich dir etwas tun? Diese Welt ist doch sicher groß genug, um dich und mich zu fassen."

Tristram fügt hinzu: „Die Lektion, die ich damals lernte, ist mir seither nie mehr aus dem Gedächtnis verschwunden, und ich denke oft, dass ich die Hälfte meiner Philanthropie diesem einen zufälligen Eindruck verdanke."

Die griechische Heuschrecke muss ein wunderbares Geschöpf gewesen sein, ein heiliges Objekt, und man sprach von ihr als bezaubernder Sänger. Als Sokrates und Phaidros zu dem von der Palme beschatteten Brunnen kamen, wo sie ihre berühmte Rede hielten, sprach Sokrates vom „Chor der Heuschrecken".

Eine andere lässt das Insekt zu einem Bauern, der es gefangen hatte, sagen :

Ich, der Nymphensänger am Wegesrand, dessen süße Stimme

Man hört es über den schwülen Hügel und durch den schattigen Hain schweben.

Ein anderer wiederum singt, wie eine Heuschrecke den Platz einer gerissenen Saite auf seiner Leier einnahm und „die fällige Kadenz ergänzte".

Diese pindarische Heuschrecke sieht ganz anders aus als die verheerenden Heuschrecken des Westens. Burroughs schlägt vor, sie in unser Land zu bringen, so wie man versucht, die englische Lerche einzuführen.

Der stämmigen, dösenden Hummel, einer echten Optimistin, widmet Emerson ein Gedicht:

Weit weiser als menschliche Seher,

Philosoph mit gelben Hosen;

Nur das sehen, was gerecht ist,

Nur süße Getränke schlürfen.

Man könnte einen wunderbaren Band über die Literatur des Vogellebens zusammenstellen, vom Kuckuck, dem ersten von den Dichtern verehrten Sänger , bis zu Matthew Arnolds Kanarienvogel. Was die Tiere angeht, so interessierten sich die Dichter vom Lake in bemerkenswertem Maße für diese bescheidenen Gefährten. In Peter Bell, einem Gedicht, das Wordsworths Theorien über die Poesie als unhaltbar widerlegte, ist der Esel der Held, ein wahrer Prediger, wie in den Tagen Bileams. Und Coleridge richtete, sehr zur Belustigung seiner Kritiker, einige Zeilen an einen jungen Esel, dessen Mutter in seiner Nähe angebunden war:

Wie fragend streben seine Schritte hierher!

Es scheint zu sagen: „Und habe ich dann einen Freund?"

Unschuldiges Fohlen! Du armes, verachtetes, verlassenes!

Ich grüße dich, Bruder, trotz der Verachtung des Narren!

Und ich würde dich gern mitnehmen, in das Tal

In Frieden und milder Gleichheit zu wohnen.

Wo die Mühsal den Zauberer Gesundheit seine Braut nennen wird,

Und Lachen kitzelt Plentys rippenlose Seite!

Wie du deine Fersen in spielerischem Spiel warfst,

Und tollt herum wie ein fröhliches Lamm oder Kätzchen!

Ja! und musikalisch süßer für mich

Dein dissonantes, raues Freudengeschrei wäre,

Als gesungene Melodien, die zur Ruhe bringen

Der Schmerz der leeren Brust der blassen Mode.

Wordsworth schrieb auch über The White Doe of Rylstone und The Pet Lamb.

Southey zollte The Pig and a Dancing Bear seinen Respekt:

Ach, armer Bär! Wie er die Stange tritt,

Und watschelt mit schwerfälligen Schritten darum herum

Von Seite zu Seite schwankend. Der Tanzmeister

Hatte einen ebenso nutzlosen Schüler in sich

Als er meine armen Zehen quälte

Zum Menuett-Anmut, und ließ sie wie ein Uhrwerk laufen

Im musikalischen Gehorsam.

Nachdem er sein Mitgefühl für dessen „erbärmliche Lage" bekundet hat, zieht er eine Moral für die Befürworter des Sklavenhandels.

Er widmete auch Gedichte der Biene und der Spinne. Letzteres muss vollständig wiedergegeben werden, da es in seinen Vergleichen so kraftvoll und originell ist:

Spinne! Du braucht nicht in Angst davonzulaufen

Um meinen neugierigen Blicken auszuweichen;

Ich werde dir nicht menschlich die Eingeweide herauspressen

Damit du nicht die Fliegen frisst;

Noch werde ich dich mit verdammter Freude braten,

Deine seltsame instinktive Kraft zu sehen,

Denn es gibt Einen , der

Eines Tages werdet ihr mich rösten.

Du Weber der Fallen, du bist das Sinnbild der Wege

Von Satan, dem Vater der Lügen;

Die große schwarze Spinne der Hölle, für die Menschheit legt sie

Seine Mühen, wie du für Fliegen.

Wenn Bettys geschäftiges Auge durch den Raum schweift,

Wehe dieser schönen Geometrie, wenn man sie sieht!

Doch wo ist der, dessen Besen

Die Erde soll rein werden?

Du fleißiger Arbeiter ! Eine Ähnlichkeit mehr

Möge der Vers noch andauern,

Denn, Spinne, du bist wie der Dichter arm,

Dem du mit deinem Lied geholfen hast.

Beide eifrig unser notwendiges Essen zu gewinnen

Wir arbeiten, wie die Natur es uns lehrt, mit unaufhörlicher Mühe,

Du spinnst deine Eingeweide,

Mir schwirrt der Kopf.

Sie erinnern sich, dass die Hartnäckigkeit, mit der eine Spinne ihre Anstrengungen erneuerte, nachdem es ihr sechs Mal nicht gelungen war, ihr Netz zu reparieren, Bruce zu Durchhaltevermögen und Erfolg anspornte.

Gackernde Gänse retteten Rom, und Caligula beschlagen sein Lieblingspferd mit Gold und ernannten es zum Vizekonsul, da er ihn den Männern, die dieses ehrenvolle Amt anstrebten, weit überlegen fand. Vergil vergnügte sich in seiner Freizeit mit einer Mücke. Homer machte Frösche und Mäuse zu seinen Haustieren.

Das Pferd wurde von vielen berühmten Leuten sehr geliebt, die sich nicht schämten, es zu besitzen.

Mr. Everett erzählte einmal eine ergreifende Anekdote über Edmund Burke: „Als er sich in den letzten Jahren seines Lebens zurückgezogen auf seiner Farm in Beaconsfield aufhielt, ging das Gerücht bis nach London, er sei verrückt geworden und laufe durch seinen Park und küsse seine Kühe und Pferde. Sein einziger Sohn war kurz zuvor gestorben und hinterließ ein verhätscheltes Pferd, das in den Park gebracht und als bevorzugter Liebling behandelt wurde . Mr. Burke blieb bei seinen Morgenspaziergängen oft stehen, um sein Lieblingstier zu streicheln . Einmal erkannte das Pferd Mr. Burke aus der Ferne, kam immer näher, musterte ihn mit dem flehendsten Blick des Erkennens und sagte so deutlich, wie Worte es nur sagen konnten: ,Ich habe ihn auch verloren!' Und dann legte das arme, stumme Tier absichtlich seinen Kopf an Mr. Burkes Brust. Überwältigt von der Zärtlichkeit des Tieres, die in der stummen Beredsamkeit der universellen Sprache der heiligen Natur zum Ausdruck kam, verlor der berühmte Staatsmann für einen Moment seine Fassung, schlang seine Arme um das Lieblingstier seines Sohnes , erhob jene Stimme, die die edelsten Klänge aus den Bögen der Westminster Hall widerhallen ließ, und weinte laut. Burke ist gegangen; aber, Sir, so halte mich der Himmel, wenn ich aufgefordert wäre, das Ereignis oder die Zeit in Burkes Leben zu benennen, die am besten eine Anklage wegen Wahnsinns rechtfertigen würde, dann wäre es nicht die Zeit, als er in einem Anfall des heiligsten und reinsten Gefühls, das je das menschliche Herz bewegt hat, laut am Hals des Lieblingspferds eines toten Sohnes weinte ."

Lord Erskine verfasste einige Zeilen zum Gedenken an sein geliebtes Pony, Jack, das ihn auf seiner Heimattour getragen hatte, als er zum ersten Mal als Anwalt zugelassen wurde und sich keine luxuriösere Art des Reisens leisten konnte:

Armer Jack! Der Freund deines Herrn, als er arm war,

Wessen Herz war treu und wessen Schritt war sicher!

Sollte ein glückliches Leben mein irrendes Herz verführen,

Und flüsternder Stolz weist den Teil des Patrioten zurück;

Sollte mein Fuß vor dem Schrein der Ambition schwanken

Und für schäbigen Gewinn den göttlichen Pfad verlassen,

Dann darf ich an dich denken – als ich arm war –

Wessen Herz treu war und wessen Schritt sicher war.

Die folgende Ansprache eines Arabers an sein Pferd wurde von Bayard Taylor aus dem Arabischen übersetzt:

Komm, meine Schönheit! Komm , mein Liebling der Wüste!

Auf meiner Schulter lag dein glänzendes Haupt.

Fürchte dich nicht, auch wenn der Gerstensack leer ist,

Hier ist die Hälfte von Hassans spärlichem Brot.

Beuge jetzt deine Stirn, um meine Küsse zu empfangen,

Erhebe voller Liebe dein dunkles, strahlendes Auge.

Du bist froh, wenn Hassan in den Sattel steigt,

Du bist stolz, dass er dich besitzt; ich bin es auch.

Wir haben Damaskus gesehen, oh meine Schönheit!

Und die Pracht der Paschas dort;

Was ist ihr Prunk und Reichtum? Ich möchte nicht

Nimm sie für eine Handvoll deiner Haare!

Du sollst deinen Anteil an Datteln haben, meine Schöne,

Und du weißt, dass mein Wasserschlauch kostenlos ist.

Trink und sei willkommen; denn die Quellen sind fern,

Und meine Stärke und Sicherheit liegen in dir.

Bayard Taylor liebte und schätzte Tiere und in einem Artikel über Studien zur Tiernatur im Atlantic Monthly vom Februar 1877 schrieb er: „Wenn Darwins Theorie wahr sein sollte, würde sie den Menschen nicht erniedrigen; sie würde lediglich der gesamten Tierwelt eine höhere Würde verleihen und den Menschen genauso weit fortgeschritten lassen, wie er es heute ist."

Er fügt hinzu: „Ich hatte schon immer großen Respekt vor Tieren und habe versucht , sie mit der Rücksicht zu behandeln, die sie meiner Meinung nach verdienen. Sie haben eine schnelle Auffassungsgabe und wissen, wann sie vertrauensselig oder zurückhaltend sein müssen. Ich habe gelernt, dass es keinen besseren Weg gibt, ihr Vertrauen zu gewinnen, als mich selbst zu fragen: Wenn ich dieses oder jenes Tier wäre, wie würde ich vom Menschen behandelt werden wollen? und entsprechend dieser Anregung zu handeln. Da der Schlüssel zu den einzelnen Sprachen auf beiden Seiten verloren gegangen ist, muss sich die höhere Intelligenz herablassen, um eine Art der Kommunikation mit der niederen zu eröffnen.

„Die Zoologen geben sich leider selten die Mühe, dies zu tun; sie interessieren sich mehr für den Schädel eines Elefanten, den Oberschenkelknochen eines Vogels oder die Rückenflosse eines Fisches als für die Intelligenz oder das grundlegende moralische Empfinden der Kreatur. Aber das erstgenannte Gebiet steht allen Laien offen, und nichts außer einer hartnäckigen traditionellen Verachtung unserer Sklaven oder unserer gejagten Feinde in der Tierwelt hat uns von einer wahrhaftigeren Kenntnis derselben abgehalten.

„Zunächst einmal haben Tiere ein viel besseres Verständnis für die menschliche Sprache, als allgemein angenommen wird. Als ich vor einigen Jahren das Nilpferd in Barnums Museum sah, das sehr stur und niedergeschlagen aussah, sprach ich es auf Englisch an, aber es bewegte nicht einmal seine Augen. Dann ging ich in die gegenüberliegende Ecke des Käfigs und sagte auf Arabisch: ‚Ich kenne dich; komm her zu mir.‘ Sofort drehte es seinen Kopf zu mir. Ich wiederholte die Worte, und daraufhin kam es in die Ecke, in der ich stand, drückte seinen riesigen, plumpen Kopf gegen die Gitterstäbe des Käfigs und sah mir mit rührender Freude ins Gesicht, während ich seine Schnauze streichelte. Ich habe zwei- oder dreimal einen Löwen gefunden, der dieselbe Sprache erkannte , und der Ausdruck seiner Augen schien für einen Augenblick eindeutig menschlich.“

Er erzählt auch von seiner Erfahrung mit einer zahmen Löwin in Afrika. „In kurzer Zeit waren wir sehr gute Freunde. Sie kannte mich und schien sich immer zu freuen, mich zu sehen, obwohl ich sie manchmal ein wenig neckte, indem ich mich rittlings auf ihren Rücken setzte oder mich auf sie setzte, wenn sie lag. Wenn sie in Spiellaune war, kam sie mir entgegen, soweit das Seil es zuließ, legte ihre Vorderpfoten um mein Bein und nahm es dann ins Maul, als ob sie mich auffressen wollte. Ich war ein wenig erschrocken, als sie das zum ersten Mal tat; aber ich sah bald, dass sie nur spielte und nicht daran dachte, mir wehzutun, also packte ich sie bei den Ohren und schlug ihr auf die Seiten, bis sie sich schließlich hinlegte und meine Hand leckte. Ihre Zunge war so rau wie eine Muskatnussreibe, und meine Hand fühlte sich an, als ob die Haut abgeschabt würde.

„Im Garten gab es auch einen Leoparden, mit dem ich viel spielte, den ich aber nie so sehr liebte wie die Löwin. Er war kleiner und lebhafter und lernte bald, auf meine Schultern zu springen, wenn ich mich bückte, oder auf den Baum zu klettern, an den er gebunden war, wenn ich ihm das befahl. Aber er war nicht so anhänglich wie die Löwin und vergaß beim Spielen manchmal, seine Krallen einzuziehen, so dass er nicht nur meine Kleidung zerriss, sondern auch meine Hände zerkratzte. Ich habe noch immer die Abdrücke eines seiner Zähne auf dem Rücken meiner rechten Hand.

„Meine alte Löwin war nie rau, und wenn sie sich ausgestreckt hatte, um ein Nickerchen zu machen, saß ich oft jeweils eine halbe Stunde auf ihrem Rücken und rauchte meine Pfeife oder las.

„Ich versichere Ihnen, es tat mir sehr leid, mich von ihr zu trennen, und als ich sie in einer Mondnacht zum letzten Mal sah, umarmte ich sie fest und gab ihr einen liebevollen Kuss. Sie hätte meinen Kuss erwidert, wenn ihr Mund nicht zu groß gewesen wäre; aber sie leckte meine Hand, um mir zu zeigen, dass sie mich liebte, legte dann ihren großen Kopf auf den Boden und schlief ein.

„Liebe alte Löwin! Ich frage mich, ob du jemals an mich denkst. Ich frage mich, ob du mich erkennen würdest, wenn wir uns jemals wiedersehen würden."

Wenn unser verstorbener Minister in Berlin, der versierte Dichter, Linguist und Kosmopolit, seine Aufmerksamkeit den Tieren als Freunden und Gefährten widmen konnte, kann es nichts Herabwürdigendes sein, ihr Lob zu lesen, wie es von denen gesagt oder gesungen wird, die wir alle gerne ehren.

Hamerton stellt tatsächlich einen Vergleich an, bei dem wir nur den zweiten Platz belegen. Er sagt: „Wie viel Müdigkeit hat es in den letzten fünfzig Jahren unter der Menschheit gegeben, weil die Menschheit politisch nicht dort stehen bleiben kann, wo sie war, und, da sie keine Ruhe findet, in eine merkwürdige Zukunft getrieben wird, der selbst die Weisesten ernst entgegensehen, weil sie sicherlich sehr düster und wahrscheinlich sehr gefährlich ist! Haben die Bienen in der Zwischenzeit irgendwelche politischen Sorgen gehabt? Haben sie am Nutzen des Königshauses gezweifelt oder die Kosten für ihre Königin bereut? Sind jene fleißigen Republikaner, die Ameisen, unbehaglich auf der Suche nach einem Herrscher umhergegangen? Ist der Adler seiner Isolation überdrüssig geworden und hat Kraft in der Praxis des Sozialismus gesucht? Ist der Hund zu aufgeklärt geworden, um seine Stellung als bescheidener Freund des Menschen länger zu ertragen, und erwägt er eine Hundeunion zum gegenseitigen Schutz gegen seine Herren? Nein. Die großen Prinzipien dieser Existenzen sind dem Wandel überlegen, und das, wonach der Mensch ständig sucht – eine politische Ordnung in vollkommener Harmonie mit seiner Situation – hat das Tier mit seinen Instinkten geerbt."

Cowper widmet in The Task mehrere Seiten der richtigen Behandlung von Tieren und bringt seine Bewunderung für ihre vielen edlen Eigenschaften zum Ausdruck:

Durch Vernunft ausgezeichnet, und noch mehr

Durch unsere Fähigkeit der göttlichen Gnade,

Von Geschöpfen, die nur für uns existieren,

Die, nachdem sie uns gedient haben, zugrunde gehen, werden wir gehalten

Rechenschaft ablegen; und Gott eines Tages,

Wird uns für den Missbrauch hart zur Rechenschaft ziehen

Von dem er glaubt, dass es kein geringes oder triviales Vertrauen ist.

So überlegen wir auch sind, sie sind doch abhängig

Wir sind nicht mehr auf die Hilfe der Menschen angewiesen, als wir auf ihre.

Ihre Stärke, ihre Geschwindigkeit oder ihre Wachsamkeit waren gegeben

Zur Hilfe unserer Mängel. In einigen finden sich

Solche lernfähigen und ängstlichen Teile,

Die Errungenschaften dieses Mannes in seinen eigenen Angelegenheiten,

Zusammen mit der Sachkenntnis der Bestien in ihrem,

Werden oft besiegt und weit zurückgeworfen.

Einige zeigen diese schöne Geruchsschärfe,

Und las mit solcher Einsicht im Hafen

Und die Gestalt des Mannes, sein geheimes Ziel,

Dass wir unsere Sicherheit oft einer Fähigkeit verdanken

Wir konnten nicht lehren und mussten verzweifeln, wenn wir lernen wollten.

Bryant hat in seinem bekannten Werk Lines to a Waterfowl einen bemerkenswerten Gedanken:

... Wer von Zone zu Zone

Leitet deinen sicheren Flug durch den grenzenlosen Himmel,

Auf dem langen Weg, den ich allein gehen muss,

Wird meine Schritte richtig lenken.

WAU-WOW-WOW!

Der Dogge verlässt seinen Herrn nicht; nein, nicht, wenn er tot ist. – Dr. Caius .

Hund mit den nachdenklichen haselnussbraunen Augen,

Zotteliges Fell oder braune Füße,

Was denkst du, wenn du so weise aussiehst

Deinem Mitmenschen ins Gesicht, Mann?

— W. C. OLMSTED.

Den Hunden gewidmet.

Wir sehnen uns nach einer Zuneigung, die unsere Fehler völlig ignoriert. Der Himmel hat sie uns in der kritiklosen Zuneigung seines Hundes geschenkt. – GEORGE ELIOT.

In der Literatur, der Geschichte und in Biografien finden sich unzählige Beispiele für die Zuneigung zwischen Hunden und ihren Besitzern. Man denke nur an den Hund Argus, der vor Freude starb, als sein Herrchen Odysseus nach zwanzig Jahren Abwesenheit zurückkehrte. Die Geschichte wird in Homers Odyssee rührend erzählt:

„Als er sich den Toren seines eigenen Palastes nähert, erblickt er seinen Hund Argus, der an Altersschwäche, Krankheit und Vernachlässigung stirbt – der Gefährte vieler langer Jagden in glücklicheren Tagen. Sein Instinkt erkennt seinen alten Herrn sofort, sogar durch die Verkleidung, die ihm die Göttin der Weisheit geliehen hat. Bevor er ihn sieht, kennt er seine Stimme und seinen Schritt und spitzt die Ohren –

Und als er Odysseus auf dem Weg bemerkte,

Und konnte seinem Herrn nicht mehr nahe kommen,

Mit dem Schwanz gekitzelt und in schwachem Spiel herabhängend

Seine Ohren. Odysseus drehte sich um und wischte sich eine Träne weg.“

Es ist die letzte Anstrengung des armen Argus, und der alte Hund wendet sich und stirbt –

Habe Odysseus gerade im zwanzigsten Jahr gesehen.

Die Ägypter verehrten den Hund als Vertreter eines der Himmelszeichen und die Inder betrachteten ihn als eine der heiligen Formen ihrer Gottheiten. Auf Denkmälern wird der Hund zu Füßen der Frauen niedergelegt, um Zuneigung und Treue zu symbolisieren und viele Kreuzfahrer werden mit ihren Füßen auf einem Hund dargestellt, um zu zeigen, dass sie dem Banner des Herrn folgten, wie ein Hund den Fußstapfen seines Herrchens folgt. „Der Mensch“, sagte Burns, „ist der Gott des Hundes“ – er kennt nichts Höheres, das er verehren und dem er gehorchen könnte. Könige und Königinnen haben in den Hunden ihre treuesten Freunde gefunden. Friedrich der Große ließ zu, dass seine eleganten Möbel in Potsdam beinahe von seinen Hunden ruiniert wurden, die auf die Satinstühle sprangen und behaglich auf den luxuriösen Sofas schliefen und noch heute ist ein ganzer Friedhof seinen Haustieren gewidmet. Der hübsche Spaniel von Maria Stuart verdient ehrenvolle Erwähnung. Er liebte seine vom Unglück verfolgte

Herrin, als ihre menschlichen Freunde sie verlassen hatten; schmiegte sich bei der Hinrichtung eng an ihre Seite und musste von ihrem blutenden Körper weggezerrt werden. Eines der schönsten Bilder der Prinzessin von Wales ist mit einem winzigen Spaniel im Arm aufgenommen.

Bevor wir fortfahren, erinnern wir uns an einige der berühmtesten Hunde aus Mythologie, Literatur und Leben. Aus Platzgründen werden hier nur ihre Namen aufgeführt:

Arthurs Hund Cavall .

Hund von Katharina von Medici , Phoebe , ein Schoßhund.

Cuthullins Hund Luath , ein schnellfüßiger Jagdhund.

Doras Hund Jip.

Douglas' Hund Luffra , aus „Die Dame vom See".

Fingals Hund Bran.

Landseers Hund Brutus, gemalt als „Eindringling in die Speisekammer".

Llewellyns Hund Gelert .

Lord Lurgans Hund Master McGrath: Auf ausdrücklichen Wunsch von Königin Victoria dem Hof vorgestellt.

Marias Hund Silvio in Sternes Sentimental Journey.

Punchs Hund Toby.

Sir Walter Scotts Hunde Maida, Camp, Hamlet .

Hund der Siebenschläfer, Katmir .

Der berühmte Bernhardiner, der vierzig Menschen das Leben rettete, hieß Barry. Sein ausgestopftes Fell wird im Museum in Bern aufbewahrt.

Der Hund von Sir Isaac Newton, der durch das Umstoßen einer Kerze viele wertvolle Manuskripte zerstörte, wurde Diamond genannt.

Der antike Xantippus ließ seinen Hund auf einer Anhöhe in der Nähe des Meeres begraben, die seitdem seinen Namen Cynossema trägt . Es gibt sogar Legenden von Völkern, die einen Hund als König hatten. Es heißt, das Bellen sei keine natürliche Fähigkeit, sondern werde durch den Wunsch des Hundes erworben, mit dem Menschen zu sprechen. Im Naturzustand winseln und heulen Hunde einfach.

Als Alexander dem Zyniker Diogĕnês begegnete , stellte sich der junge makedonische König mit den Worten vor: „Ich bin Alexander, mit dem Beinamen ‚der Große'." Worauf der Philosoph antwortete: „Und ich bin

Diogĕnês , mit dem Beinamen ‚der Hund‘.“ Die Athener errichteten zu seinem Gedenken eine Säule aus parischem Marmor, die von einem Hund gekrönt war und folgende Inschrift trug:

„Sag, Hund, was bewacht dich in diesem Grab?“

Ein Hund. „Wie heißt er?“ Diogĕnês . „Von weit her?“

Sinopé : „Wer hat eine Wanne zu seinem Zuhause gemacht?“

Derselbe , jetzt tot, unter den Sternen ein Stern.

Welcher Mann oder welche Frau wären der Erinnerung wert, ohne mindestens einen Hund geliebt zu haben? Hamerton bemerkt, als er von dem einen Hund spricht – dem besonderen Haustier und lieben Begleiter jedes Jungen und so mancher Mädchen, von Ulysses bis Bismarck –: „Die relative Kürze des Lebens von Hunden ist die einzige Unvollkommenheit in der Beziehung zwischen ihnen und uns. Hätten sie 70 Jahre alt werden können, hätten Mensch und Hund gemeinsam durchs Leben gehen können; so aber müssen wir entweder eine Abfolge von Zuneigungen haben, oder, wenn der erste in seinem frühen Grab begraben wird, in einem kalten Zustand der Hundelosigkeit leben . “ Ich danke ihm für die Prägung dieses zusammengesetzten Wortes. Fast jeder könnte wie Grace Greenwood und Gautier eine Geschichte meiner Haustiere schreiben und ein höchst lesenswertes Buch daraus machen. Bismarck ehrte einen seiner Hunde, Nero, mit einem offiziellen Begräbnis. Der Leichnam wurde auf den Schultern von acht schwarz gekleideten Arbeitern zu einem Grab im Park getragen. Er war vergiftet worden, und für die Ergreifung des Mörders wurde eine hohe Belohnung ausgesetzt. Der Prinz, Staatsmann und Diplomat, hält nichts von Hundelosigkeit und schenkt einem anderen, ebenso ergebenen Hund dieselbe intensive Zuneigung. „Mein Hund – wo ist mein Hund?“ sind seine ersten Worte, wenn er aus dem Zug steigt, da Sultan in der zweiten Klasse reisen muss. Er mischt das Futter für seine Hunde sogar mit seinen eigenen Händen, weil er glaubt, dass sie ihn dadurch noch mehr lieben werden.

Ein anderer Nero war der besondere Gefährte von Mrs. Carlyle, ein kleiner weißer Hund, der eine schwarze Katze namens Columbine als Spielkameraden hatte. Carlyle erzählt, dass Nero und Columbine beim Frühstück, wann immer die Tür zum Esszimmer geöffnet wurde, in höchster Freude ins Zimmer geschlendert kamen. Er begleitete seine Herrin überallhin, an einer Kette geführt aus Angst vor Dieben. Elf Jahre lang erfreute er ihr Leben in Craigenputtock , „dem einsamsten Winkel Großbritanniens“.

Neros Tod war tragisch . Als er im Oktober 1859 eines Abends mit seiner Magd ausging, wurde ihm von einem Fleischerkarren, der mit wilder Wucht um eine scharfe Kurve fuhr, die Kehle überfahren. Er war nicht auf der Stelle tot, obwohl seine Herrin sagte, „er sah zunächst aus, als sei er tot". Der arme Kerl wurde in ein warmes Bad gelegt, in Flanell gehüllt und dem Tod überlassen. Am Morgen ging es ihm jedoch besser; er konnte als Antwort auf die Liebkosungen seiner Herrin mit dem Schwanz wedeln.

Nach und nach erlangte er seine Fähigkeit zurück, sich zu verhalten, aber es dauerte zehn Tage, bis er wieder bellen konnte.

Er lebte danach noch vier Monate, war bis zu seiner letzten Stunde fügsam, anhänglich und treu, aber schwach und voller Schmerzen. Der Arzt war schließlich gezwungen, ihm Blausäure zu verabreichen. Sie begruben ihn am Ende des Gartens in Cheyne Row und pflanzten Schlüsselblumen um sein Grab, und seine liebevolle Herrin platzierte eine Steintafel mit Namen und Datum, um die letzte Ruhestätte ihres gesegneten Hundes zu kennzeichnen.

„Ich hätte nicht geglaubt", schreibt Carlyle in den Memorials, „dass mein Kummer damals und danach nur den zwanzigsten Teil dessen betragen hätte, was er war – ja, dass sein Mangel für mich mehr als nur eine Befreiung gewesen wäre. Unser letzter gemeinsamer Mitternachtsspaziergang – denn er bestand darauf, zu kommen – am 31. Januar ist für mich immer noch schmerzhaft. Ein kleiner, schwacher weißer Fleck des Lebens, der Liebe, Treue und des Gefühls, umhüllt von der Dunkelheit der ewigen Nacht."

Ist das nicht eine wunderbare Offenbarung der Zärtlichkeit im Herzen des großen alten Knurrers, Biographen, Kritikers, Historikers, Essayisten und Propheten, den die meisten Menschen fürchteten? Ich lese es immer wieder gern.

Der selbstsüchtige, zynische Horace Walpole blieb Nacht für Nacht bei seiner sterbenden Rosette. Er schrieb: „Die arme Rosette hat schrecklich gelitten; Sie können mir glauben, dass es mir genauso ging", und ehrte sie mit diesem Epitaph:

Die süßesten Rosen des Jahres

Streue es um die Bahre meiner Rose herum.

Möge der Staub ruhig ruhen

Von meiner hübschen, treuen Rose;

Und wenn der wolkenbedeckte Hügel dahinter

Dieser Rahmen löste sich auf, dieser Atem resignierte,

Eine glücklichere Insel, ein bescheidenerer Himmel,

Meine zitternden Wünsche werden erfüllt,

Zugelassen zu diesem gleichen Himmel

Möge die süße Rose mir Gesellschaft leisten.

Und über den Hund Touton , den ihm Madame du Deffand hinterlassen hatte, sagte er: „Es ist unglaublich, wie sehr ich ihn lieb habe; aber ich habe keinen Anlass, mit meiner *Hundehaftigkeit zu prahlen* " (ein weiteres ausdrucksstarkes Wort). Er sagte: „Ein Hund ist zwar ein Schmeichler, aber dennoch ein Freund." Byron, dieses egoistische, menschenfeindliche Genie, verfasste einen Nachruf auf Boatswain, seinen Lieblingshund , dessen Tod den launischen Dichter in tiefste Melancholie stürzte. Das Grab des Hundes ist bis heute unter den auffälligen Objekten in Newstead zu sehen. Der Dichter gab in einem seiner impulsiven Momente in einer Bestimmung seines Testaments – das jedoch letztendlich aufgehoben wurde – den Befehl, dass sein eigener Körper neben Boatswain, seinem treuesten und einzigen Freund, begraben werden sollte. Dieses edle Tier wurde vom Wahnsinn befallen, und Seine Lordschaft war sich dessen so wenig bewusst, dass er sich zu Beginn des Anfalls während der Anfälle mehr als einmal den gefürchteten Speichel aus dem Mund wischte. Nach seinem Tod schrieb Lord Byron an seinen Freund Mr. Hodges: „Boatswain ist tot. Er starb am 18. in einem Zustand des Wahnsinns, nachdem er viel gelitten hatte, behielt jedoch bis zuletzt seine Sanftmut und versuchte nie, jemandem in seiner Nähe auch nur das Geringste zuzufügen. Ich habe jetzt alles verloren, außer dem alten Murray." Besucher seines alten Anwesens finden ein markiertes Denkmal mit dieser Hommage:

IN DER NÄHE DIESES ORTES

SIND DIE ÜBERRESTE VON

EINE, DIE SCHÖNHEIT BESITZT, OHNE EITELKEIT,

STÄRKE, OHNE UNVERSCHÄMTHEIT,

MUT OHNE WILDTIGKEIT,

UND ALLE TUGENDEN DES MENSCHEN, OHNE SEINE
LASTER.

Dieses Lob, das

UNBEDEUTENDE SCHMEICHEL

WENN SIE ÜBER MENSCHLICHE ASCHE EINGESCHRIEBEN
IST,

IST NUR EIN GERECHTER TRIBUT

Zur Erinnerung an Boatsman, einen Hund,

Epitaph.

Wenn ein stolzer Menschensohn auf die Erde zurückkehrt

Unbekannt im Ruhm, aber durch die Geburt gestützt,

Die Kunst des Bildhauers erschöpft den Pomp des Wehs,

Und geschichtsträchtige Urnen zeichnen auf, wer unten ruht;

Wenn alles getan ist, sieht man auf dem Grab

Nicht was er war, sondern was er hätte sein sollen.

Aber der arme Hund, im Leben der treueste Freund,

Der Erste, der willkommen heißt, der Erste, der verteidigt.

Wessen ehrliches Herz noch immer dem seines Herrn gehört ,

Wer arbeitet , kämpft, lebt, atmet für ihn allein,

Unehrenhaft fällt, unbeachtet all sein Wert,

Im Himmel wurde ihm die Seele verweigert, die er auf Erden besaß;

Während der Mensch, das eitle Insekt, auf Vergebung hofft,

Und beansprucht für sich einen einzigen, exklusiven Himmel.

O Mensch, du schwacher Pächter einer Stunde,

Durch Sklaverei erniedrigt oder durch Macht korrumpiert,

Wer dich gut kennt, muss dich mit Ekel verlassen,

Degradierte Masse aus belebtem Staub.

Deine Liebe ist Lust, deine Freundschaft Betrug,

Dein Lächeln ist Heuchelei, deine Worte sind Betrug.

Von Natur aus gemein, nur durch den Namen geadelt,

Jedes verwandte Tier könnte dich vor Scham erröten lassen.

Ihr, die ihr diese einfache Urne vielleicht seht,

Gehen Sie weiter, es ehrt niemanden, um den Sie trauern möchten.

Um die sterblichen Überreste eines Freundes zu kennzeichnen, entstehen diese Steine:

Ich habe nur einen gekannt, und hier liegt er.

Walter Scotts Hunde hatten eine außerordentliche Zuneigung zu ihm. Swanston erklärt, dass er dabeistehen musste, wenn sie um ihn herumsprangen und ihn umschmeichelten, um sie abzuwehren, damit sie ihn nicht umwerfen konnten. Eines Tages, als er und Swanston in der Waffenkammer waren, hatte Maida (der Hund, der jetzt zu seinen Füßen im Denkmal in Edinburgh liegt), die draußen war, durch das wunderschön bemalte Fenster hineingeschaut, und sobald sie einen Blick auf ihren geliebten Herrn erhaschen konnte, stürzte sie geradewegs hindurch und auf ihn los. Lady Scott, die bei dem Aufprall zusammenzuckte, rief: „Oh Gott, erschieß sie!" Aber Scott, der sie mit äußerster Kühle streichelte, sagte: „Nein, nein, Mama, selbst wenn sie jedes Fenster in Abbotsford einschlagen würde." Er war für eine wichtige Dinnerparty an dem Tag verabredet, an dem sein Hund Camp starb, ließ aber ausrichten, dass er nicht kommen könne, „wegen des Todes eines lieben alten Freundes". Eines Morgens versuchte er früh, das Torffeuer anzufachen, und nach vielen Versuchen gelang es ihm einigermaßen. In diesem Moment kratzte und winselte einer der Hunde, der von einem Sprung in den See tropfte, am Fenster. Sir Walter ließ das „ arme Geschöpf" herein, das vor dem kleinen Feuer auftauchte und sein zottiges Fell schüttelte, sodass ein wahrer Regenguss das Feuer und einen großen Tisch mit losen Manuskripten überflutete. Der weichherzige Autor, der die Szene mit seiner üblichen Gelassenheit betrachtete, sagte langsam: „O je, Sie haben viel Unheil angerichtet!" Diese Gelassenheit wird nur durch Sir Isaac Newtons Ausruf erreicht , der jetzt leider als Erfindung bezeichnet wird : „O Diamant, Diamant, du weißt kaum, was für ein Unrecht du angerichtet hast!"

„Der weiseste Hund, den ich je hatte", sagte Scott, „war ein sogenannter Bulldog Terrier. Ich habe ihm beigebracht, eine Menge Wörter zu verstehen, so dass ich überzeugt bin, dass die Kommunikation zwischen der Hundeart und uns erheblich verbessert werden könnte. Camp hat einmal den Bäcker gebissen, der der Familie Brot brachte. Ich habe ihn geschlagen und ihm die enorme Tragweite des Vergehens erklärt, woraufhin er bis zu seinem Lebensende nie die geringste Anspielung auf die Geschichte hörte, egal in welcher Stimme oder Tonlage sie erwähnt wurde, ohne aufzustehen und sich mit einem großen Ausdruck des Kummers in die dunkelste Ecke des Zimmers zurückzuziehen. Wenn man dann sagte: ‚Der Bäcker wurde gut bezahlt' oder ‚Der Bäcker wurde schließlich nicht verletzt', kam Camp aus seinem Versteck hervor, sprang herum, bellte und freute sich. Als er gegen Ende seines Lebens nicht mehr in der Lage war, mich zu begleiten, wenn ich zu Pferd war, hielt er Ausschau nach meiner Rückkehr, und der Diener sagte ihm, sein Herr käme vom Hügel herunter oder durch das Moor, und obwohl er keine Gesten machte, um seine Meinung zu verdeutlichen, verwechselte Camp ihn nie, sondern ging entweder vorne hinaus, um den Hügel hinaufzusteigen, oder hinten, um zum Moor hinunterzukommen . Er hatte zweifellos außergewöhnliche Kenntnisse der gesprochenen Sprache."

Als der große Romanautor einmal für sein Bild Modell saß, rief er aus: „Ich bin diese Prozedur ebenso leid wie der alte Maida, der so oft skizziert wurde, dass er jedes Mal, wenn er einen Künstler sein Papier ausrollen und seine Pinsel in die Hand nehmen sah, mit angewiderten Mienen aufstand und davonging!"

Es ist bekannt, dass ein Hund sofort einen Freund von einem Feind unterscheiden kann; tatsächlich scheint er alle zu kennen, die seiner Rasse freundlich gesinnt sind. Es gibt nur wenige Dinge im Leben dieses großen Mannes, die rührender sind als die Tatsache, dass, als er durch die Straßen von Edinburgh ging, fast jeder Hund, dem er begegnete, zu ihm kam, ihn anhimmelte, mit dem Schwanz wedelte und so seine Anerkennung für den Freund seiner Rasse zeigte.

Zum Thema „ Verstehen, was man ihnen sagt" sagt Bayard Taylor: „Ich kenne nichts Bewegenderes, ja nichts Halbtragischeres als die sehnsüchtige Hilflosigkeit im Gesicht eines Hundes, der versteht, was man ihm sagt, und nicht antworten kann."

Walter Savage Landor, jähzornig, eingebildet, stürmisch, hatte eine tiefe Zuneigung zu Hunden, wie auch zu allen anderen stummen Geschöpfen, was interessant war. „Von allen Louis- Quatorze -Reimdichtern toleriere ich nur La Fontaine, denn ich sehe nie ein Tier, es sei denn, es ist ein Papagei, ein Affe, ein Mops oder eine Schlange, mit dem ich nicht offen oder heimlich spreche."

Die Geschichte des edlen Märtyrers Gellert , der sein eigenes Leben für das Kind seines Herrn riskierte, nur um verdächtigt und von der Hand, die er so sehr liebte, ermordet zu werden, ist vielleicht zu bekannt, um sie zu wiederholen, und doch kann ich Spensers Version nicht widerstehen:

Der Jäger vermisste seinen treuen Hund; er reagierte weder auf Horn noch Schrei. Doch als Llewelyn schließlich „nach Hause eilte ", sprang der Hund ihm entgegen, blutverschmiert. Als er das Haus betrat, fand er auch das Sofa seines Kindes blutbefleckt vor, und das Kind war nirgends zu sehen. Da er glaubte, Gellert hätte den Jungen verschlungen, stieß er ihm sein Schwert in die Seite, entdeckte aber bald den Engel lebendig und rosig, während unter dem Sofa, hager und gewaltig, ein zerrissener und getöteter Wolf lag:

Ach, was war denn Llewelyns Leid!

Bester Deiner Art, adieu.

Der wilde Schlag, der dich niederstreckte

Dieses Herz wird es immer bereuen.

Und nun errichten sie ein ehrwürdiges Grabmal,

Mit kostbaren Skulpturen geschmückt;

Und Murmeln voller Lob

des armen Gellert schützen.

Niemals konnte der Speerträger hindurch

Oder Förster ungerührt;

Dort oft das tränenbenetzte Gras

Llewelyns Kummer bewies es.

Und dort hängte er sein Horn und seinen Speer auf,

Und dort, als es Abend wurde,

In der Phantasie Ohr hörte er oft

Der Todesschrei des armen Gellert .

Und bis die Felsen des großen Snowdon alt werden,

Und hör auf, dem Sturm zu trotzen,

Der geweihte Ort soll halten

Der Name „ Gellerts Grab".

Dr. John Browns exquisites Prosagedicht „ Rab und seine Freunde" ist ein ebenso bleibendes Denkmal für diesen Hund wie jedes andere aus Granit oder Marmor. Der Hund ist ganz klar die zentrale Figur, der Held der Geschichte. Der Autor saß für sein Bild mit Rab an seiner Seite, und wir erfahren, dass sein Interesse an einem halbblinden und alten Haustier in den allerletzten Stunden seines Lebens zum Ausdruck kam. Der Hund war die eigentliche Attraktion in mehreren Romanen, und Ouida lässt Puck seine eigene Geschichte erzählen. Mrs. Stowe widmete einen Band Geschichten über unsere Hunde und schrieb auch „A Dog's Mission". Matthew Arnold hatte viele Haustiere und liebte sie nicht nur im Leben, sondern verlieh ihnen

Unsterblichkeit durch seine anerkennenden Hommagen an Hunde, Katzen und Kanarienvögel. Hier sind zwei Hunde-Requiems:

GEISTS GRAB.

Vier Jahre, und bliebst du über

Der Boden, der dich jetzt verbirgt, aber vier?

Und all dieses Leben und all diese Liebe,

Waren überfüllt Geist, in nichts mehr.

Dieses liebende Herz, diese geduldige Seele,

Hätten sie sich nicht mehr über

Um ihren Weg zu gehen und ihr Ziel zu erreichen,

Und den Menschen ihre Predigt vorlesen?

KAISER TOT. 6. April 1887.

Kais Armbandschwanz, Kais fleißige Füße,

Die Dorfstraße war allen bekannt.

„Was, der arme Kai ist tot?", sagen alle, die ich treffe.

„Ein wahrer Verlust."

Oh für das Gesäusel, erbärmlich, süß,

Von Robins Schilf!

Vor sechs Jahren habe ich ihn gestürzt,

Ein Hundebaby aus der Stadt London;

Um seinen kleinen Hals aus Schwarz und Braun

Ein Band blau,

Und berührt von glorreichem Ruhm

Ein echter Dackel.

Seine Mutter, majestätische Dame,

Von unvermischtem Blut, aus Potsdam kam,

Und Kaisers Rasse hielten wir für dieselbe –

Keine höhere Abstammungslinie.
Und so trug er den kaiserlichen Namen;
Aber ach, sein Vater!

Bald, bald bringt der Tag die Überzeugung:
Das Colliehaar, der Collieschwung,
Der unbezwingbare Ring des Schwanzes,
Die Unruhe des Auges –
Der Fall war klar: eine Mischlingssache
Kai stand fest .

Aber alle jene Tugenden, die loben
Die bescheideneren, die dienen und pflegen,
Wäre dein Schatz, du treuer Freund.
Welcher Sinn, welche Freude,
Uns dem Ende entgegen ,
Ein Kumpel, wie süß!

Dein Auge war hell, dein Mantel glänzte;
Du hattest immer wieder Besorgungen zu erledigen;
In Freude verging dein letzter Morgen; bald
Ein Anfall. Alles ist vorbei;
Und du bist gegangen, wohin der Geist gegangen ist,
Und Toss und Rover.

Nun, holt sein geschnitztes Halsband,
Und reibe den Stahl und bringe ihn zum Glänzen,
Und lass es um deinen Hals schlingen,
Kai, in deinem Grab.
Dort behaltet ihr das Zeichen eures Herrn
Und dieser schlichte Stab.

Miss Cobbe ist eine ergebene, freimütige Freundin aller Tiere. Sie sagt: „Ich habe tatsächlich immer viel Zuneigung für Hunde empfunden – das heißt für diejenigen, die den wahren Hundecharakter aufweisen, was bei weitem nicht bei jedem Hundegeschöpf der Fall ist. Ihre Weisheit , ihre Fröhlichkeit, ihre durchsichtigen kleinen List, ihre Zärtlichkeit und hingebungsvolle Zuneigung sind für mich gewinnender – ich darf sogar sagen, wirklicher und intensiver *menschlich* (in dem Sinne, in dem ein Kind menschlich ist) – als die künstlichen, kalten und selbstsüchtigen Charaktere, denen man allzu oft in der Gestalt von Damen und Herren begegnet.“

Sie hatte einen flauschigen weißen Hund, den sie außerordentlich gern hatte, und hat mehrere Kapitel über Hunde, Tierfreundlichkeit, die Schrecken der Vivisektion usw. geschrieben. Lesen Sie False Hearts and True, The Confessions of a Lost Dog und Science in Excelsis , und Sie werden erkennen, wie sehr sie die Rechte und die edlen Charakterzüge der wilden Schöpfung schätzt und wie sehr ihr Herz für ihre Haustiere schlägt. Sie schließt einen Artikel, Dogs whom I have Met, mit diesen Worten: „Eines muss meiner Meinung nach klar sein: Solange ein Mensch nicht gelernt hat, Mitgefühl für alle seine fühlenden Mitgeschöpfe zu entwickeln, ob in Menschen- oder Tiergestalt, seiner eigenen Klasse, seines Geschlechts und Landes oder eines anderen, hat er noch nicht den ersten Schritt in Richtung wahrer Zivilisation getan und auch nicht die erste Lektion der Liebe Gottes angewandt.“

Edward Jesse sagt in seinem heute seltenen und schwer erhältlichen Buch über Hunde: „Die Geschichte ist voller Beispiele für die Treue von Hunden als für die von Freunden.“ Ein französischer Schriftsteller erklärt, dass es, Frauen ausgenommen, nichts auf der Welt gibt, das für das Wohlbefinden des Menschen so angenehm oder so notwendig ist wie der Hund. Denken Sie an den Hirten, dessen Herde von seinem unermüdlichen Hund zusammengetrieben wird, der sowohl sie als auch die Hütte seines Herrchens des Nachts bewacht und mit einer leichten Liebkosung und gröbster Nahrung zufrieden ist. In nördlicheren Regionen leistet der Hund die Dienste eines Pferdes, während er in Kuba und anderen heißen Ländern der Schrecken der entlaufenen Neger ist . Bei der Tötung wilder Tiere oder weniger gefährlicher Hirsche oder beim Angriff auf einen Stier hat der Hund dauerhaften Mut bewiesen. Er verteidigt seinen Herrchen, rettet vor dem Ertrinken, warnt vor Gefahren, dient treu in Armut und Not und führt die Blinden. Wenn man ihn anspricht, tut er sein Bestes, um die Konversation mit Schwanz, Augen und Ohren zu führen; treibt das Vieh von und zu den Weiden, hält Herden in Grenzen, zeigt Wild an, bringt geschossene Vögel, dreht einen Spieß, zieht Proviantkarren und Schlitten, mag oder verabscheut Musik und erkennt falsche Töne sofort; kündigt Fremde an, lässt bei Gefahr einen Warnton erklingen, verlässt das Grab eines Freundes als Letzter, hat

Mitgefühl und freut sich über jede Laune seines Herrchens. Der Collie ist der einzige Hund, der den Ruf einer Frömmigkeit hat, da er gern zur Kirche geht und sich dort für sein anständiges Verhalten bekannt ist. Wenn Stanislaus, der unglückliche König von Polen, an seine Tochter schrieb, schloss er stets mit „ Tristram , mein Unglücksgefährte, leckt deine Füße." Dieser eine Freund blieb ihm in der Not treu. Wir sehen bei Hunden vererbte Neigungen wie bei Kindern – was Paley als „eine Neigung, die vor Erfahrung entsteht und unabhängig von Unterweisung ist" bezeichnet – wie bei Bernhardinerwelpen, die eifrig im Schnee scharren, und bei jungen Pointern, die beim ersten Anblick von Geflügel ruhig stehen bleiben; Ein gut erzogener Terrierwelpe wird Wildheit zeigen. Die Anekdoten über die Erfolge von Haushunden sind erstaunlich . Leibnitz berichtete der französischen Akademie von einem Hund, den er gesehen hatte, der sprechen gelernt hatte und der lautstark nach Tee, Kaffee und Schokolade rief und weiße, glänzende Steine sammelte.

Wir lesen von Hunden, die wissen, wann Sonntag ist; die nur zu der angegebenen Zeit auf den Karren des Metzgers warten; die um einen Penny betteln, um sich eine Pastete oder ein Brötchen zu kaufen, und dann zum Bäcker gehen und kaufen; die Voraussicht und Vorsicht walten lassen und Knochen für später vergraben. Manche scheinen ein gewisses moralisches Empfinden zu haben, schämen sich des Stehlens und üben manchmal Vergeltung, indem sie Welpen ausschimpfen, wenn sie Fleisch stehlen; andere sind so verdorben wie Menschen, sie streifen ihre Halsbänder ab und öffnen das Halsband eines anderen Hundes, um auf Raubzug zu gehen, und stecken dann, wenn sie zurückkommen, den Kopf wieder in das Halsband. [1]

1. Darwin sagte: „Seit ich das Buch Die Abstammung des Menschen veröffentlicht habe, glaube ich noch stärker als früher daran, dass Hunde so etwas wie ein *Gewissen haben* ."

Landseers Hunde posierten ihm geduldiger als viele andere Modelle. Jemand sagte von ihm, er habe „den Hund entdeckt". Er war ihnen so ergeben, dass er, als der geistreichste aller Geistlichen und der göttlichste aller Witzbolde (ich meine natürlich Sydney Smith) gebeten wurde, ihm Modell zu sitzen, antwortete: „ Ist dein Diener ein Hund, dass er das tun sollte?" Der Künstler sprach von einem Neufundländer, der viele vor dem Ertrinken gerettet hatte, als von einem „angesehenen Mitglied des Tierschutzvereins". Hamerton erzählt uns in seinen zauberhaften „Chapters on Animals" fast zu wunderbare Geschichten um wahr zu sein von einigen französischen Pudeln, die ihn besuchten. Diese Hundegäste spielten Domino, schmollten, wenn sie von der Bank ziehen mussten, zogen sich beschämt zurück, wenn sie geschlagen wurden; sie spielten auch Karten, konnten mehrere Sprachen gut buchstabieren und waren schnell im Rechnen.

Jede Rasse hat ihre eigenen Befürworter und Anhänger. Olive Thorne Miller schreibt normalerweise über Vögel oder ungewöhnliche Haustiere; in Home Pets finden wir jedoch eine äußerst interessante Geschichte über einen Collie, die sie erzählt, um die Merkmale dieser Familie zu veranschaulichen:

„Vor fast einhundertfünfzig Jahren, in den frühen Tagen unserer Nation und während des Franzosen- und Indianerkriegs, war dieser Collie ein beliebtes Haustier in der Familie eines Kolonialsoldaten und war besonders bekannt für seine Abneigung gegen Indianer, die er mit Freude aufspürte. Bei einem Feldzug gegen die Franzosen bestand der Hund darauf, seinen Herrn zu begleiten, obwohl seine Füße in einem schrecklichen Zustand waren, da sie erfroren waren. Während des Kampfes, der mit der Niederlage des berühmten Braddock endete, war der Collie an der Seite seines Herrn, aber als er vorbei war, hatten sie sich getrennt, und der Soldat, der zu dem Schluss kam, dass sein Haustier getötet worden war, ging ohne ihn nach Hause. Einige Wochen später jedoch tauchte der Hund in seinem alten Zuhause auf, das viele Meilen und dichte Wälder vom Schlachtfeld entfernt war. Er war müde und erschöpft, aber über seinen Füßen waren hübsche Mokassins befestigt, was zeigte, dass er unter Indianern gewesen war, die nett zu ihm gewesen waren. Darüber hinaus zeigte er bald, dass er seine Meinung über seinen ehemaligen Feind geändert hatte, denn weder Bestechungsgelder noch Drohungen konnten ihn jemals dazu bewegen, einen Indianer aufzuspüren. Sein großzügiger Charakter konnte es nicht vergessen, freundlich zu sein, auch nicht, um denen eine Freude zu machen, die er so sehr liebte, dass er so große Schwierigkeiten auf sich nahm."

Das erinnert mich an mehrere Hundegeschichten.

Der folgende interessante Brief wurde im London Spectator veröffentlicht:

„Da ich es gewohnt war, vor dem Frühstück mit zwei Skye Terriern spazieren zu gehen, war es meine Gewohnheit, ihre Füße bei nassem Wetter in einer Wanne zu waschen, die zu diesem Zweck im Garten stand. Eines Morgens, als ich den Hund hochnahm, um ihn zur Wanne zu tragen, biss er mich so heftig, dass ich ihn loslassen musste. Kaum war der Hund wieder frei, rannte er in die Küche und versteckte sich. Drei Tage lang verweigerte er das Essen, weigerte sich, mit jemandem aus der Familie auszugehen und wirkte sehr niedergeschlagen, mit einem verzweifelten und ungewöhnlichen Gesichtsausdruck.

„Als ich jedoch am dritten Morgen mit dem anderen Hund zurückkam, fand ich ihn neben der Wanne sitzen, und als ich auf ihn zukam, sprang er sofort hinein und setzte sich ins Wasser. Nachdem er so getan hatte, als würde er seine Beine waschen, sprang er so glücklich wie möglich heraus und erlangte von diesem Moment an seine gewohnte Stimmung zurück.

„In diesem Fall scheint es einen klaren Denkprozess gegeben zu haben, der von einem starken Gefühl begleitet war und der im Kopf des Hundes ablief, von dem Moment an, als er mich gebissen hat, bis er auf die Idee kam, sein Bedauern zu zeigen und seinen Fehler wiedergutzumachen. Offenbar ist ihm aufgefallen, dass ich diesem Fußbad große Bedeutung beimaß, und wenn er mich davon überzeugen könnte, dass seine Reue aufrichtig war und er bereit war, sich dem Prozess ohne Murren zu unterziehen, wäre ich zufrieden. Der Hund hat in diesem Fall vollkommen genau argumentiert und aus seinen eigenen Prämissen eine legitime Schlussfolgerung gezogen, die das Ergebnis rechtfertigte."

Ich lese gern von dem Hund, der beim Stadtschreiber von Amesbury auf seine Lizenz wartete. „Der Besitzer des betreffenden Hundes ist der rothaarige George Morrill, und rothaarige George Morrills lügen nie (fast nie), und von ihm erfahren wir folgende Tatsachen: Anscheinend schrieb Mr. Morrill, der zu dieser Zeit beschäftigt war und sein Haustier ordnungsgemäß anmelden wollte, auf einen Zettel: ‚Mr. Collins, bitte geben Sie mir meine Lizenz. Charlie.' Er steckte diesen Zettel zusammen mit zwei Dollar in einen Umschlag, gab ihn dem Hund und sagte ihm, er solle zu Mr. Collins gehen und seine Lizenz abholen. Als er im Büro des Stadtschreibers ankam, fand er Mr. Collins beschäftigt vor, und da er ein wohlerzogener Hund war, wartete er, bis der Herr wieder frei war, und machte dann auf sich aufmerksam. Als Mr. Collins den Umschlag in seinem Maul bemerkte, nahm er ihn an sich, und sofort nahm der Hund eine sitzende Haltung ein und blieb so, bis der Beamte den entsprechenden Führerschein ausstellte, diesen in einen Umschlag steckte und ihn seinem Hündchen überreichte, das sich sofort zu seiner vollen Länge aufrichtete, mit dem Kopf eine Verbeugung machte, sich wieder in seine natürliche Position zurückzog, zufriedenstellend mit dem Schwanz wedelte und sich auf den Heimweg machte. Der Hund ist auf der Straße für seine Scharfsinnigkeit und Intelligenz bekannt, aber dies hat seine bisherigen Leistungen eher übertroffen."

Eine der besten Geschichten über die Intelligenz von Hunden, die seit langem erzählt wird, wurde vor einigen Tagen von einem Beamten der Pennsylvania Railroad Company wiederholt. Er sagte, einer der Männer in der Passagierabteilung habe einen Hund, der die Tageszeit ablesen könne. Der Besitzer des Hundes habe eine schöne Uhr in seinem Büro und gewöhnte sich an, den Hund bei jedem Glockenschlag mit der Pfote klopfen zu lassen. Nach einer Weile tat der Hund dies ohne Aufforderung, und als die Uhr kurz vor dem Schlagen ein leises Gackern von sich gab, ging der Hund in Position, spitzte die Ohren und klopfte die Zeit ab. Wenn die Uhr eins geschlagen hatte und sein Besitzer kurz darauf das einleitende Gackern der Uhr nachahmte, klopfte der Hund zweimal mit der Pfote und so weiter für jede beliebige Stunde. Er wusste genau, wie die Stunden verliefen und wie oft er für jede Stunde klopfen musste.

Wir müssen natürlich die Geschichte eines Geistlichen über einen Hund glauben, es ist Reverend CJ Adams, in The Dog Fancier:

„Nicht , Tige ', über den ich in diesem Bereich schon zahlreiche Geschichten erzählt habe. Tiger ist ein anderer Hund, und ein feiner Kerl. Sein Fell ist kurz und er ist schwarz wie die Nacht. Ich bin ihm nur einmal begegnet, und zwar bei einem Geistlichen im Haus seines Herrchens, des Reverends Peter Claude Creveling in Cornwall, NY. Sein Körper ist wahrscheinlich 1,35 Meter lang. Er ist fast so hoch wie ein gewöhnlicher Tisch. Er hat einen schönen Kopf – wunderbar große Gehirnkammern. Seine Augen sind äußerst intelligent und ausdrucksstark. Sein Herrchen liebt ihn mit einer großen, ausgelassenen Liebe, die für diesen Mann charakteristisch ist – und der mit achtzig ein großartiger, attraktiver, liebenswerter Junge sein wird. Ich grüße ihn und hoffe, dass er bis zu seinem 180. Lebensjahr im Fleische bleibt. Aber ich griff zur Feder, um über den Hund zu schreiben – nicht über sein Herrchen. Hund und Herrchen sind gut zusammengewachsen. Tiger ist der Hund für sein Herrchen, und Mr. Creveling ist der Herrchen für den Hund. Wir treffen uns kaum jemals, aber bevor wir mit dem Händeschütteln fertig sind, beginnt Mr. Creveling , mir etwas über Tiger zu erzählen. Dies geschah, wie üblich, in einem Hotel, in dem ich vor etwa einem Monat die Geistlichen unterhielt. Die Geschichte war wunderbar und wird von zuverlässigen Zeugen bestätigt.

nachts dasselbe Zimmer wie Mr. und Mrs. Creveling . Auf dem Boden neben dem Bett liegt ein Laken für ihn. Sie denken so viel an ihn wie an ein Kind. Wenn er nachts unruhig ist, streckt Mr. Creveling seine Hand aus, streichelt ihm über den Kopf und spricht beruhigend mit ihm. Tagsüber wird das Laken, auf dem Tiger nachts schläft, unter einem Waschtisch aufbewahrt. So viel, damit das Folgende verstanden werden kann. An einem bestimmten Sonntag waren Mr. und Mrs. Creveling , die junge Dame und alle anderen Mitglieder des Haushalts außer Tiger weg. Er blieb im Haus eingeschlossen. Als sie zurückkamen und Mrs. Creveling in ihr Zimmer ging, stellte sie fest, dass Tiger einen Großteil der Zeit seiner Gefangenschaft in diesem Zimmer und auf dem Bett verbracht hatte. Das Bett war in einem sehr zerwühlten und nicht sehr sauberen Zustand - der Zustand, in dem es natürlicherweise von einem solchen Hund hinterlassen wird - ein Zustand, den sich jede sorgfältige Hausfrau leicht vorstellen kann - und den sie sich ohne Schaudern nicht vorstellen kann . Mrs. Creveling schrie auf. Mr. Creveling kam angerannt. Ihm folgte Tiger. Mr. Creveling sagte: „Tiger, Tiger, sieh mal, was du angerichtet hast! Du hast das Bett deiner Frau ruiniert . Tiger, Tiger, mir ist zum Heulen zumute!" Tigers Kopf und Schwanz fielen herab. Ohne ein weiteres Wort zu sagen, ging Mr. Creveling die Treppe hinunter in sein

Arbeitszimmer, warf sich auf ein großes Sofa, verdeckte sein Gesicht und tat so, als würde er weinen. Tiger, der ihm gefolgt war, warf sich neben dem Sofa auf einen Teppich und weinte ebenfalls. Mr. Creveling vertraute auf die Intelligenz des Hundes. Er glaubte, dass er seine Lektion gelernt hatte.

„Innerhalb weniger Tage war die ganze Familie wieder weg. Wieder blieb Tiger allein im Haus. Als die Familie zurückkam, ging Mrs. Creveling wieder in ihr Zimmer. Tiger war während ihrer Abwesenheit wieder dort gewesen. Er war wieder auf dem Bett gewesen. Aber Tigers Laken – das, auf dem er nachts schlief – war auch da. Und das Laken war ausgebreitet und bedeckte das Bett. Und es war niemand da gewesen, der das Laken für Tiger ausgebreitet hatte. Er hatte es für sich selbst ausgebreitet. Ist das nicht ein Beweis von Intelligenz – von Intelligenz in Aktivität und Beschäftigung – von Vernunft? Was hatte Tiger getan? Er hatte seine Nase unter den Waschtisch gesteckt und das Laken herausgezogen. Er hatte das Laken auf das Bett gelegt. Er hatte das Laken über dem Bett ausgebreitet. Was war Tigers Gedankengang gewesen? Dieser oder etwas sehr Ähnliches: ‚Ich möchte in diesem Bett liegen, weil es mich an meine abwesenden Herrchen und Herrinnen erinnert. Aber ich wage es nicht. Ich werde Anstoß erregen, wenn ich es tue. Ich werde bestraft. Warum soll ich nicht in dem Bett liegen? Weil ich es beschmutze. Was soll ich tun? Da ist das Laken – mein Laken. Es stört sie nicht, wenn ich darauf liege. Ich werde das Laken über das Bett breiten. Was habe ich für einen tollen Kopf!‘ Der Leser versteht natürlich, dass ich nicht behaupte, Tiger beherrsche die englische Sprache ausreichend, um sich auch nur subjektiv so auszudrücken, wie ich ihn dargestellt habe. Ich habe nur versucht, dem Leser so stark wie möglich die Tatsache vor Augen zu führen, dass dem Hund ein Gedankengang durch den Kopf gegangen sein muss. Und ein Gedankengang könnte ihm nicht durch den Kopf gehen, wenn er keinen Verstand hätte. Einen Verstand haben, was dann? Er denkt. Er schlussfolgert. Was noch? Wenn mein Verstand unsterblich ist, warum nicht Tigers? Und bedenken Sie, ich kann die Wahrheit jedes Details dieser Geschichte durch drei Zeugen beweisen – Mr. Creveling , seine Frau und die Freundin seiner Frau. Mehr würde kein Gericht verlangen.“

Jules Janins Hund machte ihn zu einem Literaten. Sein Lieblingsspaziergang war der Jardin du Luxembourg, wo er sich freute, seinen Hund herumtollen zu sehen. Der Hund lernte einen anderen Hund kennen, und sie waren einander so zugetan, dass ihre Herrchen zusammenkamen und Freunde wurden. Der neue Freund drängte ihn, sein Glück zu verbessern, indem er für die Zeitung schrieb, und machte ihn mit La Lorgnette bekannt, von wo aus er stetig aufstieg. 1828 wurde er zum Theaterkritiker des Journal des États ernannt , und seine Popularität dort hielt zwanzig Jahre lang unvermindert an.

In London gibt es ein Heim für verlorengegangene und verhungernde Hunde, zu dessen Gunsten kürzlich ein Konzert gegeben wurde. Wäre Richard Wagner noch am Leben, hätte er zu diesem Anlass zweifellos eine Loge gekauft. Einer der größten Kummer seines Lebens war der vorübergehende Verlust seines Neufundländers in London.

Hier ist eine kuriose Geschichte, die den sanften Elia auf eine höchst charakteristische Weise zeigt: "Kurz bevor die Lambs die Metropole verließen", sagt Pitman, "kamen sie, um einen Tag mit mir in Fulham zu verbringen , und brachten einen Gefährten mit, der, obwohl er ein stummes Tier war, seit einiger Zeit die Angewohnheit hatte, eine von Charles Lambs liebenswertesten Eigenschaften auszuleben – nämlich seine eigenen Gefühle und Neigungen denen anderer zu opfern. Dies war ein großer und sehr schöner Hund einer ziemlich neugierigen und scharfsinnigen Rasse, der Thomas Hood gehört hatte und zu der Zeit, von der ich spreche, und um Hund und Herrchen einen Gefallen zu tun, den Lambs überlassen worden war, die ihn zu einem großartigen Haustier machten, was, wie es schien, alle Lebensgewohnheiten Lambs völlig durcheinanderbrachte und unbequem machte, besonders aber das, was ihm am liebsten und heilsamsten war – seine langen und bis dahin einsamen Spaziergänge in der Vorstadt; denn Dash – so hieß der Hund – ließ Lamb nie ohne ihn das Haus verlassen, und wenn er draußen war, ging er nie irgendwohin, außer genau dorthin, wo es ihm gefiel. Die Folge war, dass Lamb sich zum vollkommenen Sklaven dieses Hundes machte, der immer eine halbe Meile von seinem Gefährten entfernt war, entweder vor oder hinter ihm, die Felder oder Straßen in alle Richtungen durchkämmte, „alle möglichen Straßen" auf und ab und seinen Begleiter in einem perfekten Fieber der Angst und Gereiztheit hielt, weil er einerseits Angst hatte, ihn zu verlieren, und andererseits zögerte, ihm die nötige Zurückhaltung aufzuerlegen. Dash kannte die liebenswürdige Schwäche seines Gastgebers in dieser Hinsicht ganz genau und nutzte sie wie ein Hund aus. Insbesondere im Regent's Park war Dash seinem *Quasi* -Herrn völlig ausgeliefert. Sobald sie in den Ring kamen, quetschte er sich durch das Geländer und verschwand für eine halbe Stunde auf dem damals umzäunten und dicht bepflanzten Rasen, wohl wissend, dass Lamb es nicht wagte, sich von der Stelle zu bewegen, an der er (Dash) verschwunden war, bis er es für angebracht hielt, sich wieder zu zeigen. Und sie machten diesen Spaziergang häufiger als jeden anderen, gerade weil Dash ihn mochte und Lamb nicht."

Beecher sagte, dass „der Hund in der Evolution aufstand, bevor die Tür geschlossen wurde". Wenn ein Hund nicht über Vernunft, Fröhlichkeit, Liebe , Ehre und Treue verfügte, wusste er nicht, wo er danach suchen sollte. Und Huxley hat dem Studium der Fähigkeiten von Hunden viel Aufmerksamkeit gewidmet. Er veranschaulichte einmal anhand des Skeletts des Tieres, das auf die Hinterbeine gestellt wurde , dass der einzige

Unterschied zwischen Mensch und Hund im inneren Aufbau Größe und Proportionen waren. Es gab keinen Knochen in dem einen, der nicht auch im anderen vorhanden war, keinen einzigen Bestandteil in dem einen, der nicht auch im anderen zu finden war, und auf dieselbe Weise konnte er beweisen, dass der Hund einen Verstand hatte. Sein eigener Hund war sicherlich kein bloßes Stück belebter Maschinerie. Er besaß einmal einen Hund, den er häufig unter den Tausenden zurückließ, die den Regent's Park besuchten, um sich hinter einem Baum zu verstecken. Sobald das Tier merkte, dass es seinen Herrn verloren hatte, legte es seine Nase auf den Boden und verfolgte ihn bald bis zu seinem Versteck. Er glaubte, dass es keine grundlegende Fähigkeit im Zusammenhang mit der Denkfähigkeit gab, deren Vorhandensein bei Hunden nicht nachgewiesen werden konnte. Er glaubte nicht, dass Hunde jemals Freude an Musik hätten; aber das scheint nicht immer der Fall zu sein. Adelaide Phillips, die berühmte Altistin, erzählte mir, dass ihr großartiger Neufundländer Cäsar ein ziemlicher Musiker war. Sie gab ihm regelmäßig Gesangsunterricht. „Ich sehe ihn jetzt", sagte sie, „seine Vorderpfoten ruhen auf meinem Knie. Ich sagte dann: ,Jetzt beginnt die Stunde. Sehen Sie mich an, Sir. Machen Sie es wie ich.' Dann ging ich die Tonleiter in Terzen hinunter, und Cäsar sang die Tonleiter wirklich, mit zurückgeworfenem Kopf und von einer Seite zur anderen schwankend. Er sang die Melodie von The Brook sehr korrekt. Aber es war der größte Spaß, ihm bei seinen Versuchen in der Oper zuzusehen." Hier wurden ihre Gesten auffällig und eindrucksvoll, als ob sie auf der Bühne wären, und ihre Nachahmung der Bemühungen des Hundes, ihr zu folgen, war äußerst komisch. Manchmal (so schnell lernte er alle Tricks des Berufs) sang er erst, wenn er immer wieder dazu aufgefordert wurde. Manchmal war er „außer Stimme" und gab höchst misstönende Laute von sich. Er hat ein Ehrengrab in ihrem Landhaus in Marshfield, wo Webster auch einen Stein zum Gedenken an sein Pferd Greatheart aufstellen ließ .

Charlotte Cushman liebte Tiere, besonders Hunde und Pferde, und ihr blauer Skye Terrier Bushie mit seinen menschlichen Augen und seiner ungewöhnlichen Intelligenz hat einen festen Platz in den Erinnerungen ihrer Herrin. Miss Cushman sagte immer: „Spiel Klavier, Bushie", und Bush wusste genau, was gemeint war, und spielte es nach und fügte mit großer Würde und *Eklat ein paar rezitative Beller hinzu* . Die Formulierung „menschliche Augen" erinnert an das, was der Romanautor Blackmore – der unsere lieben, stummen Tiere aufrichtig und liebevoll schätzt – über einen Hund in Christowell sagt : „Keine Dame im Land hat klarere, liebevollere, beredtere Augen, und selbst wenn sie welche hätte, wären sie ohne die braunen Flecken darauf nichts."

Patti hat viele Haustiere und nimmt auf Reisen immer einen Hund mit, was in Hotels für viel Aufregung sorgt. Sie lässt auch viele zurück, weil es notwendig ist. Sie hat eine Voliere in ihrem Schloss in Wales und besitzt mehrere sehr redselige Papageien.

Miss Mitfords überschwängliche Lobrede auf einen ihrer zahlreichen Hunde ist zu extravagant, um sie ausführlich zu zitieren: „So einen Hund hat es nie gegeben. Sein Temperament war unvergleichlich sanfter als das, das man je gekannt hat. Niemand hat ihn jemals schlecht gelaunt gesehen , und sein Scharfsinn war seinem Temperament ebenbürtig... Ich werde ihn jeden Augenblick meines Lebens vermissen. Wir haben seinen toten Körper mit Blumen bedeckt, mit jeder Blume im Garten. Jeder liebte ihn, den lieben Heiligen, wie ich ihn immer nannte, und ich zweifle nicht daran, dass er es jetzt ist. Der Himmel segne ihn, geliebter Engel!"

Mr. Fields schreibt: „Miss Mitford schrieb mir lange Briefe über Fanchon , einen Hund, den ich vor einiger Zeit bei einem Besuch in ihrer Hütte persönlich kennengelernt hatte. Sie schrieb diesem Hund alle erdenklichen Vorzüge zu, und ich musste in meinen Antwortbriefen zugeben, dass seit Beginn der Erdrotation nichts mit Fanchon Vergleichbares auf vier Beinen gelaufen war."

Mrs. Browning liebte Haustiere, insbesondere ihren Hund Flush, den sie von Miss Mitford geschenkt bekam und in einem Sonett und einem langen und exquisiten Gedicht verewigt hat:

FLUSH ODER FAUNUS.

Sie sehen diesen Hund. Es war erst gestern

Ich grübelte und vergaß seine Anwesenheit hier;

Bis Gedanke um Gedanke Träne um Träne nach unten zog;

Als ich vom Kissen, auf dem ich mit nassen Wangen lag,

Ein Kopf so haarig wie der von Faunus stieß sich

Plötzlich vor meinem Gesicht zwei goldene, klare,

Große Augen erstaunten mich; ein hängendes Ohr

Habe mir auf beide Wangen geklopft, um das Spray zu trocknen.

Ich begann als Erster; wie ein Arkadier

Erstaunt über den ziegenartigen Gott im Dämmerhain;

Doch als die bärtige Erscheinung näher kam

Meine Tränen flossen, ich kannte Flush und stieg darüber

Überraschung und Trauer; Dank an den wahren Pan
Der durch niedere Geschöpfe zu Höhen der Liebe führt.

Das Gedicht ist ebenso schön:

UM MEINEN HUND ZU SPÜLEN.

Andere Hunde können dir ebenbürtig sein
Vielleicht in diesen hängenden Ohren
Und diese glänzende Fairness.

Doch von *dir* wird man sagen:
Dieser Hund wachte neben einem Bett
Tag und Nacht unermüdlich ;
Beobachtet in einem Raum mit Vorhängen,
Wo kein Sonnenstrahl die Dunkelheit durchbricht
Rund um die Kranken und Erschöpften.

Rosen für eine Vase gesammelt
In dieser Kammer starb schnell,
Strahl und Brise geben auf;
Dieser Hund wartete nur,
Wissend, dass wenn das Licht erlischt
Die Liebe bleibt zum Leuchten.

Andere Hunde im Thymiantau
Verfolgte die Hasen und folgte durch
Sonniges Moor oder Wiese;
Dieser Hund kroch und kroch nur
Als nächstes eine schlaffe Wange,
Teilen im Schatten.

Andere treue und fröhliche Hunde
Beim Pfiff klar,

Wald hinauf hüpfend ;

Dieser Hund sah nur in Reichweite

Von einer leise gesprochenen Rede,

Oder ein lauteres Seufzen.

Und wenn eine oder zwei schnelle Tränen

Auf seine glänzenden Ohren getropft,

Oder ein Seufzer kam doppelt,

Er sprang in eifriger Eile auf,

Schmeicheln, streicheln, schnell atmen

In einer zarten Notlage.

Und dieser Hund war zufrieden

Wenn eine blasse, dünne Hand gleiten würde

Seine Wammen fallen herab,

In das er seine Nase steckte ,

Nachdem er sein Kinn auf die Plattform gestellt hatte

Auf der Handfläche offen gelassen.

Dieser Hund, wenn eine freundliche Stimme

Rufen Sie ihn jetzt an, um eine Wahl zu treffen

Als solches Kammerhalten,

„Komm raus“, betete er von der Tür aus,

Drängt sich nach hinten wie zuvor,

Gegen mich springend.

werde ich diesem Hund

Zärtlich, nicht verächtlich,

Erweisen Sie Lob und Gunst ;

Mit meiner Hand auf seinem Kopf,

Ist mein Segen gesagt,

Deshalb und für immer.

Mrs. Browning sagte in einer Anmerkung zu diesem Gedicht: „Dieser Hund war ein Geschenk meiner lieben und bewunderten Freundin, Miss Mitford, und gehört zu der wunderschönen Rasse, die sie bei englischen und amerikanischen Lesern berühmt gemacht hat."

Hogg, der Schäferhund aus Ettrick, richtete ein langes Gedicht an seinen Hund, das wie folgt endete:

Wenn mein letztes Fladenbrot auf dem Herd liegt,

Daran kannst du keinen Anteil haben;

Solange ich ein Haus habe oder auf der Erde schleppe ,

Mein Hektor wird dort Schutz finden .

Ein weiterer Favorit wurde von Dr. Holland, dem Essayisten, Dozenten, Zeitschriftenredakteur und Dichter, gewürdigt :

AN MEINEN HUND BLANCO.

Mein lieber, stummer Freund, der da tief liegt,

Ein williger Vasall zu meinen Füßen,

Froher Partner meines Heims und meiner Reise,

Mein Schatten auf der Straße.

Ich schaue in deine großen braunen Augen,

Wo Liebe und treue Huldigung leuchten,

Und frage mich, wo der Unterschied liegt

Zwischen deiner Seele und meiner!

Für all das Gute, das ich gefunden habe

In mir selbst oder in der Menschheit,

Hat königlich unterrichtet und gekrönt

Dein sanftes Herz und dein sanfter Verstand.

Ich durchsuche die ganze weite Erde um mich herum

Für dieses eine Herz, das, ehrlich und treu,

Trägt Freundschaft ohne Ende und Grenzen,
Und finden Sie den Preis in sich.

Ich vertraue dir, wie ich den Sternen vertraue.
Weder grausamer Verlust, noch Spott des Stolzes,
Weder Bettelei noch Kerkergitter,
Kann dich von meiner Seite bewegen!

Als Patient mit Verletzung
Wie jeder christliche Heilige der alten Zeit,
Sanft wie ein Lamm zu mir,
Aber mit deinen mutigen Brüdern;

Verspielter als ein ausgelassener Junge,
Wachsamer als ein Wächter,
Bei Tag und Nacht deine ständige Freude
Um mich zu beschützen und mir eine Freude zu machen.

Ich drücke dein Haupt an meine Brust –
Während du jammerst und meine Hand leckst –
Und so wird unsere Freundschaft bekannt,
Und so verstehen wir!

Ach, Blanco! habe ich Gott angebetet?
So wahr du mich anbetest,
Oder folge dem Weg meines Meisters
Mit deiner Bescheidenheit –

Saß ich zärtlich zu seinen Füßen,
Wenn du, lieber Blanco, an meiner Seite sitzt,
Und beobachte ihn mit ebenso süßer Liebe,
Mein Leben würde göttlich werden!

Maria Edgeworth schrieb 1819 an ihre Tante, Mrs. Ruxton : „Ich sehe meinen kleinen Hund auf Ihrem Schoß, spüre Ihre Hand, die seinen Kopf streichelt, und höre Ihre Stimme, die ihm sagt, dass er Maria zuliebe hier ist."

Was für eine ergreifende Freundschaft bestand zwischen Emily Brontë und dem Hund, von dem sie überzeugt war, dass er jedes Wort verstand, das sie zu ihm sagte! „Sie fütterte die Tiere immer selbst; die alte Katze; Flossy, ihren Lieblingsspaniel ; Keeper, den wilden Bulldoggen, ihren eigenen treuen Begleiter, dessen Porträt, von ihrer eigenen temperamentvollen Hand gezeichnet, noch heute existiert. Und die Tiere auf dem Moor waren alle in gewisser Weise ihre Haustiere und ihr vertraut. Die intensive Hingabe dieser schweigsamen Frau an alle möglichen stummen Geschöpfe hat etwas fast Unerklärliches. Als ihr alter Vater und ihre Schwestern ihr zum Grab folgten, gesellte sich ein weiterer Trauernder zu ihnen, Keeper, Emilys Hund. Er ging vor allen anderen, als Erster in der Reihe der Trauernden, und vielleicht hatte kein anderes Geschöpf die tote Frau so sehr geliebt. Als sie sie in dem dunklen, stickigen Gewölbe unter der Kirche in den Schlaf gebettet hatten, den öden Kirchhof überquert und das leere Haus wieder betreten hatten, ging Keeper geradewegs zur Tür des Zimmers, in dem seine Herrin zu schlafen pflegte, und legte sich quer über die Schwelle. Dort heulte er viele Tage lang jämmerlich, denn er wusste nicht, dass er sie durch sein Wehklagen nicht mehr wecken konnte ."

Die alten Gälen gingen davon aus, dass Hunde den Tod eines Freundes bemerkten, egal wie weit sie voneinander entfernt waren. Aber das ist jetzt zu düster. Wissen Sie, woher das Sprichwort „kalt wie eine Hundenase" stammt? Ein alter Vers sagt uns:

In Noahs Arche gab es ein Leck,

Das ließ den Hund anfangen zu bellen;

Noah nahm seine Nase, um das Loch zu verschließen,

Und daher ist seine Nase immer kalt.

Niemand hat die edlen Eigenschaften von Hunden stärker gewürdigt als der geistreiche und philosophische Wordsworth.

VORFALL

Merkmale eines Lieblingshundes .

Auf seiner Morgenrunde der Meister

Geht hin, um zu erfahren, wie es allen Dingen ergeht;

Durchsucht Weide um Weide,

Schafe und Rinder mit Vorsicht beobachten;

Und für Schweigen oder Reden,

Er hat Kameraden auf seinem Weg;

Vier Hunde, jedes Paar von unterschiedlicher Rasse,

Ausgezeichnet: zwei für den Geruch und zwei für die Geschwindigkeit.

Sehen Sie, ein Hase hat vor ihm angefangen!

Sie fliegen los und nehmen eine ernsthafte Verfolgung auf.

Jeder Hund ist eifriger,

Alle vier sind im Rennen:

Und der Hase, den sie verfolgen,

Hat einen Instinkt, was zu tun ist;

Ihre Hoffnung ist nahe: Sie macht keine Wende;

Aber wie ein Pfeil nimmt er den Fluss.

Der Fluss war tief und verkrustet

Dünn durch den Frost einer Nacht;

Doch der flinke Hase vertraute

Zum Eis und sicher überqueren ;

Sie ist hinübergegangen, und ohne zu achten

Alle folgen mit voller Geschwindigkeit,

Wenn, siehe! das Eis, so dünn verteilt,

Bricht – und der Windhund Dart ist über Ihrem Kopf !

Prinz und Schwalbe haben ein besseres Schicksal –

Sehen Sie, wie sie dem Sport treu bleiben!

Musik hat kein Herz, dem sie folgen kann,

„Kleine Musik", sie hält inne.

Sie hat weder Wunsch noch Herz,

Ihr gehört nun ein weiterer Teil:

Sie ist ein liebevolles und mutiges Geschöpf!

Und bemüht sich liebevoll, ihre kämpfende Freundin zu retten.

Vom Rande streckt sie ihre Pfoten aus,

Sehr praktisch, wie Sie sagen würden!

Und sie ruft quälendes Stöhnen hervor,

Als er das Eis bricht.

Für sich selbst hat sie keine Angst,

Ihn allein sieht und hört sie,

Macht Anstrengungen und Klagen , und gibt nicht auf

Bis ihr Gefährte unterging und nicht mehr auftauchte.

TRIBUT

Zur Erinnerung an denselben Hund.

Liege hier, ohne einen Nachweis deines Wertes,

Unter einer Decke aus gewöhnlicher Erde!

Es liegt nicht an mangelnder Bereitschaft zu loben,

Oder Mangel an Liebe, dass wir hier keinen Stein aufheben;

Mehr verdienst du ; aber *dieser* Mensch gibt dem Menschen,

Von Bruder zu Bruder, *das* ist alles, was wir können.

Doch jene, denen deine Tugenden dich lieb machten,

Wird dich durch alle Veränderungen des Jahres hindurch finden:

Diese Eiche weist auf dein Grab; der stille Baum

Gerne wird ein Denkmal von dir errichtet.

Cowper, der alle Tiere abgöttisch liebte, versäumte es nicht, in „Der Hund
und die Wasserlilie" einen Hund mit einer poetischen Hommage zu ehren ,
in der er die Hingabe „meines Spaniels, des Schönsten seiner Rasse" feierte.

Es war die Zeit, als Ouse zeigte

Seine Lilien sind frisch erblüht;

Ihre Schönheiten betrachtete ich aufmerksam,

Und ich wünschte, ich hätte eines für mich.

Mit weit ausgestrecktem Stock suchte ich

Um es in Landnähe zu steuern;

Doch der Preis, obwohl fast gefangen,

Ist meiner eifrigen Hand entgangen.

Beau bemerkte meine erfolglosen Bemühungen

Mit festem, rücksichtsvollem Gesicht,

Und rätselhaft setzte sein Welpenhirn

Um den Fall zu verstehen.

Aber ich selbst werde befehlen,

Wach auf, wenn die Pflicht ruft,

Um eine Liebe zu zeigen, die so schnell ist wie deine

Ihm, der uns alles gibt.

Aber mit einem klaren und starken Zwitschern,

All seinen Traum zerstreuend,

Ich zog mich von dort zurück und folgte lange

Die Windungen des Baches.

Nachdem ich meinen Streifzug beendet hatte, kehrte ich zurück.

Beau, der weit voraus trabt,

Den schwebenden Kranz wieder erkannt,

Und stürzte ab und verließ das Ufer.

Ich sah ihn, mit dieser Lilie beschnitten,

Ungeduldiges Schwimmen, um zu treffen

Meine schnelle Annäherung, und bald ließ er

Der Schatz zu meinen Füßen.

Bezaubert von diesem Anblick, der Welt, rief ich,

Werde von deiner Tat hören:

Mein Hund wird den Stolz beschämen

Von der überlegenen Art des Menschen.

Forster erzählt ausführlich von Dickens' Hingabe zu seinen vielen Hunden und zitiert die unnachahmliche Art des Romanautors, seine Lieblinge zu beschreiben . In Dr. Marigold gibt es eine besonders schöne Stelle über „mich und meinen Hund".

„Mein Hund wusste genauso gut wie ich, wann sie an der Reihe war. Bevor sie loslegte, heulte er und rannte los. Woher er das wusste, war mir ein Rätsel, aber das sichere Wissen darüber weckte ihn aus seinem tiefsten Schlaf und er heulte und rannte los. In solchen Momenten wünschte ich, ich wäre er." Nach dem Tod von Kind und Frau sagte er: „Ich und mein Hund waren jetzt die einzige Gesellschaft, die noch im Wagen war, und der Hund lernte, kurz zu bellen, wenn sie nicht bieten wollten, und noch einmal zu bellen und mit dem Kopf zu nicken, wenn ich ihn fragte: ‚Wer hat eine halbe Krone gesagt?' Er erlangte eine immense Popularität und, das werde ich immer glauben, brachte er sich völlig von sich selbst an, jeden in der Menge anzuknurren, der auch nur sechs Pence bot. Aber er wurde alt und eines Nachts, als ich York mit der Brille zucken ließ, bekam er auf eigene Faust einen Krampf, und zwar auf dem Trittbrett neben mir, und das war sein Ende."

Herr Laurence Hutton hat kürzlich im St. Nicholas seine Ansichten über Hunde wie folgt zum Ausdruck gebracht:

„Ich glaube, es war Dr. John Brown aus Edinburgh, der mit aufrichtiger Anteilnahme von dem Mann sprach, der „ein Leben ohne Hund führte". Ich weiß, dass es Mr. „Josh Billings" war, der sagte, dass es in der gesamten Weltgeschichte nur eine Sache gibt, die man mit Geld nicht kaufen kann — nämlich das Wedeln des Schwanzes eines Hundes. Und es war Prof. John C. Van Dyke, der neulich in seiner Besprechung der künstlerischen Karriere von Landseer erklärte, dass er seine Hunde zu menschlich gemacht habe. Es war der große Schöpfer selbst, der Hunde zu menschlich machte — so menschlich, dass sie die Menschheit manchmal in den Schatten stellen.

„Ich war ein Vierteljahrhundert lang der Freund und Vertraute von drei Hunden, die mir halfen, mich zu vermenschlichen, und die, da bin ich mir sicher, Seelen zu retten hatten. Und wenn ich den Stygian River überquere, erwarte ich, am anderen Ufer ein Trio Hunde zu finden, die vor Freude über meine Ankunft fast mit den Schwänzen wedeln und mit ehrlichen Zungen heraushängen, um meine Hände und Füße zu lecken. Und dann gehe ich, mit diesen treuen, ergebenen Hunden an meinen Fersen, um mit Dr. John Brown, Sir Edward Landseer und Mr. Josh Billings über Hunde zu sprechen."

Haben Hunde eine Seele – einen Lebensfunken, der nach dem Tod anderswo weiterlebt?

Viele haben das gehofft, von Wesley bis zu dem kleinen Jungen, der seinen geliebten Kameraden verloren hat.

Sicher ist, dass Hunde Eigenschaften aufweisen, die man bei einem Menschen als Vernunft, schnelle Auffassungsgabe, Geistesgegenwart, Mut, Selbstverleugnung und Zuneigung bis in den Tod bezeichnen würde.

Darf ich zum Schluss dieses Kapitels von zwei meiner besonderen Freunde erzählen – einem Foxterrier, der Mr. Howard Ticknor aus Boston gehört, und meinem eigenen interessanten Haustier –, die immer jeden ihnen vorgeschlagenen Trick gelernt haben? Antoninus Pius, kurz Tony genannt, vollbringt mehr als 20 wunderbare Leistungen, wie z. B. Klavierspielen, dabei die Pfoten überkreuzen und dabei äußerst künstlerisch, wenn nicht sogar inspiriert wirken, einen Rocktanz tanzen, auf einem Flachsrad drehen, auf einem Tamburin auftreten, das er an einem Band um den Hals trägt; er spielt mit seiner Herrin „Pattycake" . Und mein eigener intelligenter Yorkshire-Terrier steigt auf eine Stuhllehne und predigt mit Lebhaftigkeit, Beredsamkeit und eindringlichen Gesten; er stößt eine Reihe Bücher um und setzt sich dann darauf, als würde er Buchkritiker sein; er steht in einer Ecke mit erhobener rechter Pfote, als würde er ein Tableau der Freiheit darstellen, die die Welt erleuchtet; er läutet wiederholt und mit zunehmender Energie eine Glocke, um uns zu Tisch zu rufen; singt mit erhobenem Kopf und Augen zur Begleitung einer Mundharmonika – und jeder von ihnen steht noch ganz am Anfang seiner Ausbildung.

Ich habe kürzlich die Geschichte eines klugen Hundes gelesen, der mit einer Art scharfsinnigem Cockney-Wissen jeden Tag mit einem Penny im Maul losging und sich ein Brötchen kaufte. Einmal bekam er ein frisch aus dem Ofen kommendes Brötchen; er ließ es fallen, nahm sein Geld vom Ladentisch und wechselte den Bäcker.

KOMPLIMENTE FÜR KATZEN.

Sie besitzen vielleicht eine Katze, aber Sie können nicht über sie herrschen.

FÜR EIN KÄTZCHEN.

Aber nicht allein am Hüttenfeuer

Bewundern die Bauern deine Taten?

Der gelehrte Weise, dessen Gedanken erforschen

Das größte Spektrum menschlicher Überlieferungen;

Oder mit ungehemmter Lust fliegen

Durch luftige Höhen der Poesie;

Pause, Lächeln mit veränderter Miene

Um dich auf seinen Sessel klettern zu sehen,

Oder, kämpfend mit der Matte darunter,

Führe Krieg mit seinen Pantoffeln .

JOANNA BAILLIE.

KATZEN.

Gott schuf die Katze, um dem Menschen das angenehme Gefühl zu geben, den Tiger gestreichelt zu haben.

MERY , .

Die öffentliche Meinung ist nicht so einhellig für Katzen , aber sie hatten ihre glühenden Verehrer, während sie in Ägypten als Götter verehrt und als Sinnbild des Mondes angebetet wurden. Wenn eine Katze starb, gaben die Besitzer dem Leichnam ein prunkvolles Begräbnis, verfielen in Trauer und rasierten sich die Augenbrauen. Diodorus berichtet von einem römischen Soldaten, der zum Tode verurteilt wurde, weil er eine Katze getötet hatte. Es heißt, dass Kambyses, König von Persien, als er in den Kampf gegen die Ägypter zog, vor die Brust jedes Soldaten eine lebende Katze band. Ihre Feinde wagten es nicht, ihre heiligen Haustiere zu verletzen, und wurden so besiegt.

Künstler, Monarchen, Dichter, Diplomaten, religiöse Führer, Autoren – sie alle haben sich dazu herabgelassen, Katzen zu pflegen. Eine bloße Liste ihrer Namen würde ein dickes Buch füllen. Der deutsche Künstler Godefroi Mind beispielsweise wurde der Raffael der Katzen genannt. Die Leute suchten ihn auf seiner Dachkammer auf und zahlten hohe Preise für seine Bilder. An langen Winterabenden schnitzte er sich einen Spaß daraus, kleine Katzen aus Kastanien zu schnitzen, und konnte sie für diejenigen, die sie kaufen wollten, nicht schnell genug fertigstellen. Mohammed liebte seine Katze Muezza so sehr , dass er einmal, als sie auf seinem Ärmel schlief, diesen lieber abschnitt, als sie zu stören. Andreas Doria , einer der Herrscher von Venedig, ließ nicht nur ein Porträt seiner Hauskatze malen, sondern bewahrte nach ihrem Tod ihr Skelett als Schatz auf. Richelieus besonderer Liebling war eine prächtige Angorakatze, die auf dem mit Staatspapieren bedeckten Tisch ruhte. Montaigne pflegte sich beim Herumtollen mit seiner Katze auszuruhen. Fontenelle setzte seinen „Tom“ gern in einen Sessel und hielt vor ihm eine Rede. Die Katze von Kardinal Wolsey saß an seiner Seite, wenn er Prinzen empfing. Petrarca ließ seine Hauskatze einbalsamieren und in seinem Appartement unterbringen.

Die Vorstellung, dass die Katze nur das Haustier alter Jungfern ist, ist alles andere als wahr. Edward Lear, bekannt durch seine Verse des Unsinns, schrieb über sich selbst:

Er hat viele Freunde, Laien und Geistliche.

Old Foss ist der Name seiner Katze;

Sein Körper ist vollkommen kugelförmig;

Er trägt einen Runciblehut .

Wordsworth schrieb über ein Kätzchen und fallende Blätter. Ein Band mit zweihundertfünfundachtzig Seiten Gedichten in allen Sprachen, die dem Andenken einer einzigen Katze gewidmet sind, wurde 1741 in Mailand veröffentlicht. Shelley schrieb Verse an eine Katze.

Es scheint ungerecht zu behaupten , eine Katze sei zu keiner persönlichen Bindung fähig, wo sie doch die Zuneigung so vieler Großer auf Erden gewonnen hat. Der Schädel von Morosinis Katze wird unter den Reliquien dieses venezianischen Würdenträgers aufbewahrt. Andrea Dorias Katze wurde zusammen mit ihm gemalt. Sir Henry Wyats Dankbarkeit gegenüber der Katze, die ihn im Tower von London vor dem Verhungern rettete, indem sie ihm Tauben zum Fressen brachte, veranlasste ihn zu dieser Bemerkung: „Sie werden sein Bild nirgends finden, außer mit einer Katze neben ihm." Cowper schrieb oft über seine Katzen und Kätzchen. Horace Walpole schrieb an Gray und betrauerte den Verlust seiner schönsten Katze, und Gray antwortete: „Ich kenne Zara und Zerlina , oder vielmehr kannte ich sie beide zusammen, denn ich kann nicht genau sagen, welche welche war. Was Ihre schönste Katze betrifft, bin ich nicht weniger ratlos; man weiß nicht nur, dass die schönste Katze immer die ist, die man am liebsten mag, oder, wenn eine lebt und die andere tot ist, ist es normalerweise die letztere, die am schönsten ist. Außerdem, wenn der Punkt so klar wäre, hoffe ich, dass Sie mich nicht für so ungezogen halten , dass ich mein Interesse an der Überlebenden vergesse – oh nein! Ich würde eher den Eindruck erwecken, mich zu irren und mir ganz sicher einbilden, dass es die getigerte Katze sein muss." Es war die getigerte Katze; ihr Tod war plötzlich und erbärmlich, als sie von der „Seite einer hohen Vase" fiel, während sie versuchte, sich einen Goldfisch für ihr Abendessen zu schnappen. Gray schickte Walpole eine von dem Unglück inspirierte Ode, in der er sagte:

Welches Frauenherz kann Gold verachten?

Welche Katze hat eine Abneigung gegen Fisch?

und beschreibt so die Schlussszene:

Achtmal aus der Flut auftauchend,

Sie miaute zu jedem Wassergott

Ich muss schnell Hilfe schicken.

Kein Delphin kam, keine Nereide rührte sich,

Weder der grausame Tom noch Susan haben es gehört.

Ein Liebling hat keine Freunde.

Nach Grays Tod stellte Walpole Zerlinas Vase auf einen Sockel mit der Aufschrift „erste Strophe".

Jeremy Bentham taufte seine Katze zunächst Langbourne , später Sir John Langbourne , und als er sehr weise und würdevoll war, erlaubte der Ehrw. Sir John Langbourne , DD Pius IX. seiner Katze, bei Tisch zu sitzen, wo sie ganz anständig darauf wartete, gefüttert zu werden. Théophile Gautier erzählt uns, wie vorbildlich sich seine Katzen bei Tisch benahmen. Ein Freund, der Bischof Thirlwall während seines Ruhestands besuchte, fand ihn müde und bat ihn, sich in den großen Lehnsessel zu setzen. „Sehen Sie nicht, wer schon da ist?", sagte der große Kirchenmann und deutete auf eine Katze, die auf dem Kissen schlief. „Sie darf nicht gestört werden." Helen Hunt Jackson widmete ein dickes Buch dem Lob von Katzen und Kätzchen. Wir wissen, dass Isaac Newton Katzen mochte, denn hat er nicht zwei Löcher in seine Scheunentür gemacht – ein großes, damit die alte Mieze rein und raus konnte, und ein kleines für das Kätzchen?

Unter den französischen Autoren erinnern wir uns an Rousseau, der viel für Katzen zu sagen hat . Colbert züchtete ein halbes Dutzend Katzen in seinem Arbeitszimmer und brachte ihnen viele interessante Tricks bei. Die Katze lieferte Perrault eines der attraktivsten Themen seiner Geschichten, und unter der magischen Feder dieses bewundernswerten Geschichtenerzählers ist Der gestiefelte Kater zu einem Beispiel für die Macht der Arbeit, des Fleißes und des Savoir *-faire geworden* . Gautier spottet über die Stürme, die draußen toben, solange er

Über mich genieße ein Gespräch, das spielt und folgt,

Ein Buch zum Verbergen, eine Wahrheit zum Kommen.

Béranger macht in seiner Idylle „Die Katze" eine intelligente Katze zum Vermittler zwischen Liebenden. Baudelaire kehrte von seinen Wanderungen im Orient als Katzenliebhaber zurück und schrieb mehrere schöne Gedichte an sie. In seinen Gedichten sind sie zu sehen, wie Hunde in den Gemälden von Paul Veronese. Hier ist ein Beispiel:

Komm, Schönheit, ruhe in meinem liebenden Herzen,

Doch hör auf mit den scharfen Pfoten ,

Und lass mich in diese Augen blicken, die

Gemischter Achat und Metallstrahl.

Wieder:

Ernste Gelehrte und verrückte Liebhaber bewundern

Und die Liebe, und jeder gleich, in seiner vollen Flut

Diese sanften und mächtigen Katzen, der Stolz des Kamins,

Die das sesshafte Leben und den Schein des Feuers mögen .

Wie er das musikalische Schnurren genießt, ja, darin schwelgt!—

Diese Töne, die plätschern und sickern

Tief in meiner schattenhaften Seele,

Erhebe mich wie den Wirbel einer schönen Melodie,

Und genieße die Freude, die Liebestränke bereiten.

Es gibt keine Note auf der Welt,

Ich kenne kein vollkommenes Instrument,

Kann mein Herz zu solch einem Glühen bringen

Und bringe seinen lebendigen Akkord zum Wirbeln,

Wie deine reiche, geheimnisvolle Stimme.

Champfleury , ein anderer französischer Schriftsteller, berichtet, dass er bei einem Besuch bei Victor Hugo in einem mit Wandteppichen und gotischem Mobiliar geschmückten Raum eine Katze auf einem Podest thronen sah, die offenbar die Huldigungen der Gesellschaft entgegennahm. Sainte-Beuves Katze saß auf seinem Schreibtisch und spazierte frei über seine kritischen Essays. „Ich schätze an der Katze", sagt Chateaubriand, „jene gleichgültige und fast undankbare Gemütsart, die es ihr verbietet, sich an jemanden zu binden; die Gleichgültigkeit, mit der sie vom *Salon* auf das Dach gelangt." Marschall Turenne vergnügte sich stundenlang damit, mit seinen Kätzchen zu spielen. Der große General Lord Heathfield erschien zur Zeit der berühmten Belagerung oft in Begleitung seiner Lieblingskatzen auf den Mauern Gibraltars . Montaigne schrieb: „Wenn ich mit meiner Katze spiele, wer weiß, ob ich ihr nicht mehr Spaß mache als mir? Wir unterhalten uns gegenseitig mit unserem Spiel. Wenn ich meine Zeit habe, zu beginnen oder abzulehnen, hat sie sie auch." George Eliot drückt es so aus: „Wer kann sagen, welche berechtigten Kritikpunkte die Katze an uns Wesen weiter fassender Spekulation richtet?" Chateaubriands Katze Micette ist wohlbekannt. Er pflegte, ihren Schwanz zu streicheln, um Madame Récamier zu signalisieren , dass er müde oder gelangweilt war.

Von Katzen und ihren Freundschaften ist in der Bibel nicht die Rede. Aber sie werden in zweitausend Jahre alten Sanskrit-Schriften erwähnt, und wie bereits erwähnt, waren sie Haustiere und beinahe Götzen der Ägypter, die sie in Gesellschaft von Königen und Prinzen mumifizierten. Sie waren auch in Indien und Persien beliebt und können eine Verwandtschaft mit den königlichen Katzen der Tropen für sich beanspruchen. Simonides legt in seiner Satire auf die Frauen, dem ältesten erhaltenen Werk, dar, dass widerspenstige Frauen aus Katzen gemacht wurden, so wie die meisten tugendhaften, fleißigen Matronen aus Bier entstanden. In Mills' Geschichte der Kreuzzüge war die Katze eine wichtige Figur bei religiösen Festen. In Aix in der Provence wurde die schönste Katze wie ein Kind in Windeln gewickelt und in einem prächtigen Schrein ausgestellt: jedes Knie gebeugt, jede Hand mit Blumen bestreut.

Mehrere Katzen wurden durch Lobreden und Grabinschriften berühmter Meister verewigt. Joachim de Bellay hat diese schöne Hommage hinterlassen:

C'est Beland , mon petit chat gris—

Beland , wer wird ein Abenteuer erleben

Das schönste Werk der Natur

Passt einmal in die Chat-Kategorie.

Gray betrauerte die nachdenkliche Selima , die Walpole gehörte, und aus der Elegie stammt der beliebte Aphorismus „Ein Liebling hat keine Freunde". Arnold betrauerte die große Atossa . Eines von Tassos besten Sonetten war an seine Lieblingskatze gerichtet . Katzen kommen in der Literatur vor, von Gammer Gurtons Nadel bis in unsere Tage. Shakespeare erwähnt die Katze vierundvierzig Mal – „die harmlose, notwendige Katze" usw. Goldsmith schrieb:

In mitfühlender Fröhlichkeit

Das Kätzchen probiert seine Tricks aus;

Die Grille zirpt im Kamin,

Das knisternde Reisigbündel fliegt.

Joanna Baillie schrieb im gleichen Stil.

In einer von Gays Tierfabeln wird die Katze gefragt, was sie zum Wohle der geplanten Konföderation tun könne. Sie antwortet verächtlich:

... Diese Zähne, diese Krallen,

Mit Wachsamkeit soll der Sache dienen.

Die Maus wurde durch meine Verfolgung zerstört

Eure Feste sollen nicht länger verunreinigen,

Noch essen, von nächtlichen Hinterhalten

Mit wachsamen Zähnen dringen sie in Ihre Geschäfte ein.

Die Geschichte von Dick Whittington und seiner Katze ist zweifellos wahr. Alle bildlichen und architektonischen Relikte von Whittington zeigen ihn mit der Katze – einer schwarz-weißen Katze – an seiner linken Hand oder mit der Hand auf einer Katze ruhend. Eine der Figuren, die das Tor in Newgate schmückten , stellte die Freiheit mit der Figur einer Katze dar, die zu ihren Füßen lag. Whittington war ein ehemaliger Gründer. Im Keller seines alten Hauses in Gloucester wurde ein Stein gefunden, wahrscheinlich Teil eines Schornsteins, der im *Basrelief* die Figur eines Jungen zeigt, der eine Katze in seinen Armen trägt. Cowper hat ein Gedicht über eine Katze, die sich aus dem Geschäft zurückgezogen hat. Heinrichs Verse sind bekannt oder sollten es sein:

Die alte Katze der Nachbarn

Kam, um uns einen Besuch abzustatten.

Wir machten ihr eine Verbeugung und eine Höflichkeit,

Jedes mit einem Kompliment darin.

Nach ihrem Gesundheitszustand fragten wir,

Unsere Sorgfalt und Rücksicht zu beweisen;

Wir haben die gleichen Reden gehalten

Für so manche alte Katze seitdem.

Diese Übersetzung stammt von Frau Browning; viele andere haben es mit Erfolg versucht. Alfred de Musset apostrophierte seine Katzen in Versen. Paul de Koch beschreibt in seinen Romanen häufig eine Lieblingskatze . Hoffman, der deutsche Romanautor, führt Katzen in seine unheimlichen und fantastischen Geschichten ein, und Poe hat uns Die schwarze Katze geschenkt. Keats verfasste eine

SONETT AN EINE KATZE :

Katze, die du deinen großen Höhepunkt überschritten hast,

Wie viele Mäuse und Ratten hast du in deinen Tagen

Zerstört? Wie viele Leckerbissen gestohlen? Blick

Mit jenen hellen, matten grünen Segmenten,

Diese samtigen Ohren, aber bitte, kleben Sie nicht

Deine verborgenen Klauen in mir, und erzähl mir von all deinen Kämpfen,

Von Fischen und Mäusen, Ratten und zarten Küken;

Nein, schau nicht nach unten und lecke nicht deine zierlichen Handgelenke,

Für all dein keuchendes Asthma und für alle

Die Spitze deines Schwanzes ist abgetrennt, und obwohl die Fäuste

Von vielen Mädchen hast du viele Maultiere bekommen,

Immer noch ist dein Fell wie wenn die Listen

In deiner Jugend betratst du eine Wand aus Glasflaschen.

Clinton Scollard schreibt zärtlich über seinen Verlust

GRIMALKIN :

Eine Elegie auf den zwölfjährigen Petrus.

Vergeblich der freundliche Ruf; vergeblich

Der Teller, nach dem du einst verlangtest

Am Morgen und Mittag und wenn das Tageslicht schwindet,

O König der Mäusejäger.

Ich höre dich nicht mehr schnurren und schnurren

Wie in den ausgelassenen Tagen,

Als du dein samtiges Fell riebst

Gegen meine Hose.

Wie leer sind die Orte, an denen

Du warst einst offen und höflich,

Noch träumte ich von Katzenpflege,

Ein herumtollendes Kätzchen.

Die sonnigen Orte, an denen ich als Katze groß geworden bin,

Du hast darüber nachgedacht und bedacht,

Der gepolsterte Stuhl, der Teppich, die Matte,

Vom Feuerschein hingerissen.

Obwohl du vor wenigen Angst hattest ,

Wie gut kennst du den freundlichen Schritt,

Und was auf deinem Rücken oder Kopf

Die streichelnde Hand meinte!

Ein flüchtiger Geruch könnte

Deine Vorliebe für Kotelett oder Steak.

Doch, Kätzchen, wie selten brachst du

Das achte Gebot!

Obwohl dein Leben kurz ist, eine kleine Spanne

Von Tagen verglichen mit denen des Menschen,

Die dir zugeteilte Zeit lief

In sanfterem Takt.

Nun mit der warmen Erde auf deiner Brust,

O Weisester und Bester deiner Art,

Für immer mögest du sanft ruhen,

Im Tempo – Peter.

Agnes Repplier erzählt uns in ihren Essays in Idleness and Dozy Hours von Agrippina und ihrem Kind. Charles Dudley Warner präsentierte der Welt eine Charakterskizze seiner Katze Calvin.

Ein junges Mädchen, das mit Mr. Whittier im Haus war und das er sehr mochte, kam eines Tages mit tränenreichen Augen und reumütigem Gesicht zu ihm und sagte: „Mein liebes kleines Kätzchen Bathsheba ist gestorben, und ich möchte, dass du ein Gedicht schreibst, das auf ihren Grabstein kommt. Ich werde sie unter einem Rosenbusch begraben!" Ohne einen Moment zu zögern, sagte die Dichterin:

Bathseba! Zu der niemand jemals „Kacka!" gesagt hat!

Keine würdigere Katze

Schon mal auf einer Matte gesessen

Oder eine Ratte gefangen;

Bitte!

Katzen sind sehr nützlich. Die englische Regierung hält Katzen in öffentlichen Ämtern, Werften, Geschäften, im Schiffsverkehr usw. In Wien werden von Stadtrichtern vier Katzen angestellt, um auf dem Gelände der Gemeinde Mäuse zu fangen. Sie erhalten eine regelmäßige Zulage, die für ihre Haltung während des aktiven Dienstes bewilligt wird. Danach werden sie in den Ruhestand versetzt und erhalten eine gute Pension. Sie werden viel besser versorgt als Hochschulprofessoren oder pensionierte Minister in unserem Land. Es gibt eine bestimmte Anzahl Katzen im Postamt der Vereinigten Staaten, um Postsäcke vor Ratten und Mäusen zu schützen. Auch in der kaiserlichen Druckerei in Frankreich gibt es ein katzenartiges Personal mit einem Wärter. Katzen werden mit der Aufsicht über leere Getreidesäcke betraut, damit diese nicht angeknabbert und gefressen werden. Katzen sind für Bauern in Scheunen und Nebengebäuden, Ställen und frisch gemähten Feldern von unschätzbarem Wert.

Es gibt viele Sprichwörter über die Katze. Shakespeare sagt:

Ich darf nicht warten, bis ich es tue,

Wie die arme Katze im Sprichwort,

Bedeutung , ausgedrückt in einem anderen Sprichwort,

Die Katze liebt Fisch, aber nicht
Um ihre Pfoten nass zu machen.

Guter Schnaps bringt eine Katze zum Sprechen.

Kein Platz, um eine Katze zu schwingen.

Früher schwangen sie eine Katze auf den Ast eines Baumes, um sie als Zielscheibe für das Schießen zu verwenden.

Ehrlich wie die Katze, wenn das Essen außer Reichweite ist.

Die Katze aus dem Sack lassen.

Manchmal wurde eine Katze als Ersatz für ein Spanferkel verwendet und in einem Sack zum Markt gebracht. Wenn ein Neuling sich entschied, das Tier ohne Prüfung zu kaufen, war das in Ordnung; öffnete er jedoch den Sack, war der Trick entdeckt und er „ließ die Katze aus dem Sack".

Krank wie eine Katze.

Berühren Sie keine Katze ohne Handschuh.

Was kann man von einer Katze haben außer ihrer Haut?

Um zur Katzenpfote gemacht zu werden,

und bezieht sich auf die Fabel vom Affen, der einer Katze die Pfote nahm, um geröstete Kastanien aus der heißen Asche zu holen.

Wer soll der Katze die Schelle anlegen?

eine Anspielung auf die schlaue alte Maus, die vorgeschlagen hatte, man solle der Katze eine Glocke um den Hals hängen, damit alle Mäuse wüssten, wenn sie käme. „Ausgezeichnet", sagte eine weise junge Maus, „aber wer übernimmt diese Aufgabe?"

Madame Henriette Ronner hat die Hälfte ihrer langen Künstlerkarriere dem Studium von Katzen gewidmet und eine Katzenwelt geschaffen, die ebenso eindrucksvoll ist wie die Viehwelt von Potter oder die Hirsch- und Hundewelt von Landseer. Harrison Weirs ist einer von Pussys ergebensten Anhängern. Er gründete Katzenausstellungen im Crystal Palace in London. Er sagt, Hunde, ob groß oder klein, seien im Allgemeinen nutzlos, während eine Katze, ob als Haustier oder nicht, von Nutzen sei. Ohne sie würden Ratten und Mäuse das Haus überrennen. Gäbe es nicht Millionen von Katzen, gäbe es Milliarden von Ungeziefer. Er glaubt, Katzen seien kritischer im Erkennen als Hunde, denn er habe gesehen, wie eine Katze verriegelte Türen öffnete und Riegel oder Stangen zurückschob; sie warten auf den Metzger, hoffen auf Fleischstückchen, suchen ihn nur an seinen angegebenen Tagen auf und wissen, wann die Mittagsglocke läuten muss. Hunde beißen oft, wenn sie wütend sind, Katzen selten. Sie legen weit zurück, um nach Hause zu kommen; Sie entwickeln eine hingebungsvolle Bindung zu anderen Tieren wie Pferden, Hähnen, Collies, Kühen, Hühnern, Kaninchen, Eichhörnchen und sogar Ratten und können lernen, das Leben der Vögel zu respektieren.

Genau entgegengesetzte Meinungen werden von anderen, ebenso guten und gerechten Richtern vertreten, und diese halten die Katze für selbstsüchtig, boshaft, listig, verräterisch und, wie ein Politiker niedrigen Stils, nur der Macht untertan, die sie nährt und ihr ein warmes Bett zum Einkuscheln bietet. Und wir finden viele gut belegte Anekdoten, die beweisen, dass sie gefügig, anhänglich, gut gelaunt, lenkbar und sogar mit so etwas wie Intellekt ausgestattet waren. Im Leben von Sir David Brewster, durch seine Tochter, erfahren wir, dass eines Tages eine Katze in sein Zimmer kam und auf die liebevollste Art Freundschaft mit ihm schloss; „sah ihn direkt an, sprang auf das Knie meines Vaters, legte eine Pfote auf jede Schulter und küsste ihn so deutlich, wie eine Katze es kann. Von da an bereitete ihr der Philosoph persönlich jeden Morgen sein Frühstück von seinem eigenen Teller zu, bis sie eines Tages zum grenzenlosen Kummer ihres Herrchens verschwand. Fast zwei Jahre lang hörte man nichts von ihr, bis Pussy, weder durstig noch mit wunden Füßen, das Haus betrat, ohne zu zögern ins Arbeitszimmer ging, auf den Schoß meines Vaters sprang, ihm jeweils eine Pfote auf die Schulter legte und ihn küsste, genau wie am ersten Tag."

Man kann Katzen dazu erziehen, die Hand zu geben, über einen Stock zu springen, sich auf die Hinterbeine zu setzen, auf einen Pfiff zu kommen und wie ein Hund zu betteln, aber wir machen uns selten die Mühe, herauszufinden, wie leicht man ihnen das beibringen kann. Madame Piozzi (Mrs. Thrale) erzählt uns von Dr. Johnsons Freundlichkeit gegenüber seiner Katze namens Hodge. Als das Geschöpf alt und wählerisch geworden war und durch eine Krankheit nichts als Austern essen konnte, ging der ruppige alte Lexikograph immer selbst los, um Hodge das Abendessen zu kaufen. Boswell fügt hinzu: „Ich erinnere mich, wie Hodge eines Tages anscheinend mit großer Befriedigung an Dr. Johnsons Brust hochkrabbelte, während mein Freund lächelnd und halb pfeifend seinen Rücken rieb und ihn am Schwanz zog, und als ich bemerkte, dass er eine schöne Katze hatte, sagte er: ‚Aber ja, Sir, aber ich hatte schon Katzen, die mir besser gefielen als diese‘, und dann, als ob er bemerkte, dass Hodge die Fassung verlor, fügte er hinzu: ‚Aber er ist eine schöne Katze, eine wirklich sehr schöne Katze.‘ Er gab einmal einen lächerlichen Bericht über den verabscheuungswürdigen Zustand eines jungen Herrn aus guter Familie. „Sir, als ich das letzte Mal von ihm hörte, lief er in der Stadt herum und schoss Katzen." Und dann fügte er in einer Art freundlicher Träumerei hinzu: „Aber Hodge soll nicht erschossen werden; nein, Hodge soll nicht erschossen werden." Und das von dem schroffen, dogmatischen Donnerer, der jeden Widersacher brüskierte oder zum Schweigen brachte. Sogar der selbstsüchtige, höfliche Lord Chesterfield hinterließ seinen Katzen und ihren Nachkommen eine dauerhafte Pension. Robert Southey hat eine Abhandlung über die Katzen von Greta Hall geschrieben. Er sah seine Katzen gern rundlich und gesund und versuchte, es ihnen bequem und glücklich zu machen. Wenn sie krank waren, ließ er sie sorgfältig von den „Damen der Küche" pflegen und vom Apotheker aus Keswick behandeln. Tatsächlich wurden Katzen und

Kätzchen in Greta Hall von Alt und Jung so sehr gestreichelt und gehätschelt, dass Southey den Ort manchmal „Katzen-Eden" nannte. In einem Brief an einen seiner katzenliebenden Freunde schreibt er, dass „ein Haus nie vollkommen zum Vergnügen eingerichtet ist, wenn nicht ein Kind von etwa drei Jahren und ein Kätzchen von etwa drei Wochen darin leben". Dieses Denkmal gibt so wahrheitsgetreue und unvoreingenommene Biografien seiner Rattenfängerfreunde wieder, dass er es verdient, als der Plutarch der Katzen bekannt und bewundert zu werden. Die Geschichte wurde für seine Tochter zusammengestellt. Er beginnt folgendermaßen: „Da Sie, vortrefflichste Edith May, immer ein natürliches und angemessenes Interesse an allem haben müssen, was das Haus betrifft, in dem Sie geboren wurden und in dem Sie den ersten Teil Ihres Lebens bisher so glücklich verbracht haben, habe ich zu Ihrer Belehrung und Freude diese Memoiren verfasst, damit die Erinnerung an solch würdige Tiere nicht verloren geht, sondern von meinen Kindern und denen, die nach ihnen kommen, in verdienter Ehre gehalten wird ." Die Skizze ist zu lang, um sie hier wiederzugeben, aber sie sprüht vor Humor und ist manchmal tragisch vor traurigen Abenteuern. Ihre Namen waren so bemerkenswert wie ihre Charaktere: Madame Bianchi; Pulcheria Ovid, so genannt, weil man ihn als Meister der Liebeskunst gelten ließ; Vergil, weil in seinen Briefen über seine Brautwerbung etwas wie Maro zu erkennen war; Othello, schwarz und eifersüchtig; Priester Johann , der, wie sich herausstellte, nicht von Johanns Geschlecht war und deshalb in Päpstin Johanna geändert wurde; Rumpelstilchen , ein Name, der aus Grimms Märchen entlehnt ist, und Hurlyburlybuss . Rumpelstilchen lebte neun Jahre. Nachdem sie verschiedene Katzen und ihre Abenteuer und Missgeschicke beschrieben hatte, verschwand Madame Bianchi und Pulcheria starb bald darauf an einer damals unter Katzen grassierenden Krankheit. „Geringe Zeit lang waren danach alle unsere Versuche, eine Katzenzucht wieder aufzubauen, von einem Unglück verfolgt. Ovid verschwand und Vergil starb an einer schrecklichen Staupe. Der Papst, fürchte ich, starb einen Tod, an dem auch andere Päpste gestorben sind. Ich vermute, dass ein Gift, das die Ratten aus ihren Löchern gespuckt hatten, für ihre Feinde tödlich war. Eine Zeit lang fürchtete ich, wir wären am Ende unseres Katalogs angelangt , aber schließlich schickte uns das Schicksal, als wolle es seine jüngste Strenge wiedergutmachen, gleich zwei auf einmal: das nie genug gelobte Rumpelstilchen und den ebenso zu bewundernden Hurlyburlybuss . Und zwar ‚Erster für den Ersten', wie mein großer Liebling und fast Namensvetter Robert South in seinen Predigten sagt." Dann erklärt er ausführlich ein deutsches Märchen aus Grimms Sammlung (und es ist noch dazu ein höchst bezauberndes Märchen), das dem ehemaligen Kater seinen seltsamen und zauberhaften Namen gab. „Woher Hurlyburlybuss kam , war lange Zeit ein Rätsel. Er erschien hier wie Manco Capac in Peru und Quetzalcohuatl bei den Azteken – niemand wusste, woher. Er machte Bekanntschaft mit allen Philofelisten der Familie und schloss sich besonders Mrs. Lorell an ; aber er versuchte nie, das Haus zu betreten, verschwand häufig tagelang und einmal seit meiner Rückkehr für so lange Zeit, dass man ihn tatsächlich für tot hielt und regelrecht als solchen betrauerte. Das Wunder war, wohin er sich zu solchen Zeiten zurückzog und wem er gehörte; denn weder ich auf meinen täglichen Spaziergängen noch die Kinder oder einer der Bediensteten sahen ihn jemals zufällig irgendwo anders als in unserem eigenen Bereich. Das hatte etwas so Geheimnisvolles, dass es in alten Zeiten starken Verdacht erregt haben könnte, und er wäre in Gefahr gewesen, für eine verkleidete Hexe oder einen Vertrauten gehalten zu werden. Das Geheimnis jedoch löste sich vor etwa vier Wochen, als wir von einem Spaziergang den Greta hinauf nach Hause zurückkehrten und Isabel ihn auf seinem Weg über die Straße und die Mauer von Shulicson in Richtung des Hügels sah. Aber bis heute wissen wir nicht, wer vor dem Gesetz die Ehre hat, sein Besitzer zu sein, und der Besitzer weiß ebenso wenig über die hohe Gunst , die Hurlyburlybuss genießt, über den heroischen Namen, den er erlangt hat, und dass sein Ruhm weit und breit verbreitet ist; ja, dass er zusammen mit Rumpelstilchen in Liedern gefeiert wurde und dass sein Ruhm an künftige Generationen weitergegeben wird. Zwischen diesen beiden Katzen mit dem bemerkenswerten Namen herrschte eine starke Feindschaft, und es gab viele Auseinandersetzungen zwischen ihnen. Vor einigen Wochen war Hurlyburlybuss sichtlich abgemagert und durch seine schlechte Gesundheit geschwächt, und Rumpelstilchen machte mit großer Großzügigkeit Friedensangebote. Der gesamte Verlauf des Vertrags konnte vom Wohnzimmerfenster aus beobachtet werden . Die Vorsicht, mit der Rumpel sich näherte, die mürrische Würde, mit der sie empfangen wurden, ihr gegenseitiges Unbehagen, als Rumpel sich nach langsamer und vorsichtiger Annäherung Bart an Bart neben seinen Rivalen setzte, die gegenseitige Furcht, die nicht nur Zähne und Krallen, sondern sogar jeden herausfordernden Tonfall zurückhielt, das gegenseitige Flattern ihrer Schwänze, die sich zwar nicht vor Wut ausbreiteten, aber vor Spannung nicht stillhalten konnten, und schließlich die Art, wie Hurly wie Ajax zurückwich und dabei sein Gesicht seinem alten Gegner zuwandte, hätten es verdient, von dem Maler dargestellt zu werden, der der Katzen-Raphael genannt wurde. Ich fürchte, das Angebot wurde nicht so großzügig angenommen, wie es gemacht wurde, denn kaum hatte Hurlyburlybuss seine Kräfte wiedererlangt, als die Feindseligkeiten mit größerer Gewalt als zuvor wieder aufflammten. Die darauf folgenden Kämpfe waren furchtbar … Alle Versuche, sie zu versöhnen und ihnen klarzumachen, wie schön es ist, wenn Katzen in Frieden zusammenleben und was für Narren es sind, wenn sie streiten und sich gegenseitig zerfleischen, sind vergeblich. Die Maßnahmen der Gesellschaft zur Abschaffung des Krieges sind nicht völlig wirkungsloser und hoffnungsloser. Alles was wir tun können, ist, unparteiischer zu handeln, als die Götter es zwischen Achilles und Hektor taten, und beide weiterhin mit gleicher Achtung zu behandeln." Ich möchte nur die Schlussworte hinzufügen: „Und nachdem ich diese Memoiren der Katzen von Greta Hall in die heutige Zeit gebracht habe, übergebe ich dieses kostbare Denkmal Deiner Obhut. Ausschweifende und leichtfertige Tochter, Dein fleißigster und unbeschwertester Vater, Keswick, 18. Juni 1824." Rumpel lebte neun Jahre umgeben von liebevoller Aufmerksamkeit, und als er am 18. Mai 1833 starb, schrieb Southey an einen alten Freund, Grosvenor Bedford: „Ach! Grosvenor, heute wurde der arme alte Rumpel tot aufgefunden, nach einem so langen und glücklichen Leben, wie es sich eine Katze nur wünschen kann, wenn sie sich dazu etwas wünschen kann. Im Katzenland sollte es eine Hoftrauer geben, und wenn der Drache (eine Katze von Mr. Bedford) ein schwarzes Band um den Hals oder ein Band aus Krepp *à la militaire* um eine der Vorderpfoten trägt, ist das nur ein angemessenes Zeichen des Respekts. Da wir hier keine Katakomben haben, soll er anständig im Obstgarten bestattet und Katzenminze auf sein Grab gepflanzt werden."

Zu den modernen Berühmtheiten, die Katzen lieben, gehören die Schauspielerin Ellen Terry, die es liebt, mit Kätzchen auf dem Boden zu spielen; Mr. Edmund Yates, der verstorbene Romanautor und Journalist, dessen Katze beim Abendessen immer neben ihrem Herrchen saß; und Julian Hawthorne, der in seinem edlen Tom einen treuen Freund hat, der beim Schreiben immer auf seiner Schulter sitzt. Und wenn Tom denkt, dass er für eine Sitzung genug Arbeit erledigt hat, setzt er sich an den Tisch und zieht das Manuskript weg. Eine Katze symbolisierte Freiheit und wurde zu Füßen der römischen Freiheitsgöttin geschnitzt. Katzen werden selten Intelligenz oder Zuneigung zugeschrieben, aber viele glaubwürdige Anekdoten beweisen, dass sie beides besitzen und dass sie auch zu verstehen scheinen, was man nicht nur zu ihnen, sondern auch über sie sagt. Sie sind einfacher als der Hund; die Zivilisation ist für sie noch nicht zur zweiten Natur geworden.

EINE KATZENGESCHICHTE.

Vielleicht interessiert es Sie, von dem schlauen Trick einer schwarzen Perserkatze zu hören. Prin ist ein prächtiges Tier, aber gleichzeitig auch ein sehr zierliches, das jedes Fleisch, das nicht auf die von ihm bevorzugte Art zubereitet wird, nämlich gebraten, deutlich ablehnt. Die Köchin, die er sehr mag, beschloss, ihm diese schlechte Angewohnheit abzugewöhnen. Es wurde ihm also gedünstetes oder gekochtes Fleisch zubereitet, aber wie schon so oft zuvor wandte er sich angewidert davon ab. Dieses Mal wurde ihm jedoch kein Fisch oder Braten als Ersatz angeboten. Drei Tage lang blieb die Untertasse mit Fleisch unberührt und es wurde ihm kein anderes Essen gegeben. Aber am vierten Morgen war die Köchin sehr erfreut, als sie die

Untertasse leer vorfand. Prin lief ihr entgegen, und die gute Frau erzählte ihrer Herrin, wie besonders anhänglich diese reumütige Katze an diesem Morgen gewesen sei. Er genoss an diesem Tag sein Abendessen mit Braten (der zweifellos mit der doppelten Menge Soße serviert wurde). Erst als am Samstag das Kochbrett unter der Anrichte gereinigt wurde, kam seine List ans Licht. Dort, in einem der Schmortöpfe hinter den anderen, befand sich der Inhalt der Untertasse mit dem Schmorfleisch. Es gab kein anderes Tier im Haus, und die beiden anderen Bediensteten waren ebenso erstaunt wie die Köchin über den raffinierten Streich, den ihnen dieses schrecklich verwöhnte Haustier des Hauses spielte. Aber die Köchin war beschämt beim Gedanken an die Untertasse mit dem Roastbeef. Ich weiß, dass diese Geschichte wahr ist, und ich kenne die Katze seit neun oder zehn Jahren. Sie lebt in Clapham .

Ich werde diesen Katalog der katzenartigen Attraktionen mit zwei Rätseln beenden: Warum überquert eine Katze die Straße? Weil sie auf die andere Seite will. Was ist das, was nie war und nie sein wird? Ein Mäusenest im Ohr einer Katze.

ALLE ARTEN.

Gott schuf alle Geschöpfe und gab ihnen unsere Liebe und unsere Furcht,

Um ein Zeichen zu geben: Wir und sie sind seine Kinder, eine Familie hier.

BROWNINGS SAUL.

ALLE ARTEN.

Wenn dein Herz aufrichtig ist, dann wird jedes Geschöpf für dich ein Spiegel des Lebens und ein Buch der heiligen Lehre sein. – THOMAS VON KEMPEN.

Es wäre schön zu glauben, dass die Freude an Haustieren ein Beweis für eine gute und zärtliche Natur ist, aber Männer und Frauen, die für ihre Grausamkeit und ihr schlechtes Leben bekannt sind, haben sich ihnen verschrieben und verschwenderisch Zärtlichkeiten gezeigt, die anderswo verleugnet werden. Catull, der berühmte römische Dichter, schrieb eine Klage über Lesbias Spatz: Lesbia , die schamlose, trügerische Schönheit, die um einen toten Vogel weinen, aber ihren Mann vergiften konnte! Oft sieht man hübsche Gipsköpfe von Lesbia , auf deren Finger der Vogel sitzt und ihr Gesicht mit einem Blick, der wie eine Liebkosung wirkt, ihm zugewandt ist. Und das Gedicht hat über all die Jahrhunderte hinweg weder seine Anmut noch seinen Charme verloren.

ÜBER DEN TOD VON LESBIAS SPATZ.

Trauert, alle ihr Lieben und Gnaden! Trauert ,

Ihr Witzbolde, ihr Galanen und ihr Fröhlichen!

Der Tod hat ihren Vogel von meiner Schönheit gerissen –

Ihre geliebten Spatzen wurden ihr weggeschnappt.

Ihre Augen selbst schätzte sie nicht so sehr,

Denn er war liebevoll und kannte meine Schönheit

Nun, wie junge Mädchen ihre Mütter wissen,

Und suchte ihre Brust und schmiegte sich dort an.

Einst flatterte er von Ort zu Ort,

Er zwitscherte fröhlich nur zu ihr hin;

Doch nun muss dieser düstere Weg

Von wo das Schicksal niemanden zurückkehren lässt.

Verfluchte Schatten über der tieferen Hölle,

Oh, du sollst meinen Fluch hören!

Ihr, die alle schönen Dinge verschlingen,

Habe mir meinen hübschen Vogel entrissen.

Oh, böse Tat! Oh, toter Spatz!

Oh, was für ein Elender, wenn du sehen kannst

Die Augen meiner Schönen mit weinendem Rot,

Und wisse, wie sehr sie um dich trauert.

Der englische Jakob I., den Dickens „Seine Sauschaft " nennt, um seine Abneigung gegen ihn auszudrücken, hatte eine Reihe stummer Favoriten . Obwohl er auf der Jagd ein unbarmherziger Tierzerstörer war, bereitete es ihm große Freude, die Tiere glücklich und gepflegt in ihrem häuslichen Umfeld zu sehen. Im Jahr 1623 erhielt John Bannat vom König eine Pachtzuteilung für zwei Gärten und ein Mietshaus in den Nuriones , unter der Bedingung, ein Haus zu bauen und zu unterhalten, in dem er die neu importierten Seidenraupen Seiner Majestät halten und aufziehen konnte. Sir Thomas Dale, einer der Siedler der damals neu gegründeten Kolonie Virginia, kehrte auf Urlaub nach Europa zurück und brachte viele lebende Exemplare amerikanischer Zoologie mit , darunter einige Gleithörnchen. Als Seine Majestät dies erfuhr, überkam ihn eine kindliche Ungeduld, sie den privaten Menagerien in St. James's Park hinzuzufügen. Bei der Ratstafel und im Kreis seiner Höflinge kommt er immer wieder auf das Thema zurück und wundert sich, warum Sir Thomas ihm nicht „die erste Wahl" bei seiner Ladung an Kuriositäten überlassen habe. Er erinnerte sie daran, wie der kürzlich eingetroffene Moskauer Botschafter ihm lebende Zobel und, was er noch mehr liebte, prächtige weiße Gerfalken aus Island gebracht hatte. Als Buckingham meinte, Königin Elisabeth habe während ihrer gesamten Regierungszeit nie lebende Zobel vom Zaren erhalten, erkundigte sich James gesondert, ob dies wirklich der Fall sei. Einer seiner geliebten Untertanen, der seinem liebsten Hobby nachgehen wollte, hatte ihm ein cremefarbenes Rehkitz geschenkt . Sofort wurde eine Amme dafür angeheuert und der Earl von Shrewsbury beauftragt, Miles Whytakers Folgendes zu schreiben und ihm die königliche Genehmigung für das künftige Vorgehen mitzuteilen: „Die Majestät des Königs hat mich beauftragt, Ihnen dieses seltene Tier, ein weißes Hinterkalb, zusammen mit einer Frau, seiner Amme, die es gepflegt und aufgezogen hat, zu schicken. Seine Majestät möchte, dass Sie dafür sorgen, dass es in jeder Hinsicht so gehalten wird, wie es diese gute Frau wünscht, und dass die Frau bei Ihnen untergebracht und verpflegt wird, bis Seine Majestät am nächsten Montag zu Theobald kommt, und dann werden Sie mehr über seine Wünsche erfahren. Was Seine Majestät von diesem schönen Tier hält, können Sie erraten, und niemand kann annehmen, dass es seltener ist , als es ist; daher weiß ich, dass Sie sich entsprechend darum kümmern werden. Also verabschiede ich mich in aller Eile von Ihnen. In Whitehall, am 6. November 1611."

Um 1629 bewirkte der König von Spanien ein wichtiges Ablenkungsmanöver zu seinen Gunsten , indem er dem König - ein unbezahlbares Geschenk - einen Elefanten und fünf Kamele schickte. Wenn sie nach Mitternacht durch London fuhren, so heißt es in einer Staatszeitung, konnten sie nicht unbemerkt vorbeikommen, und der Lärm und das Geschrei einiger Straßenbummel beim Anblick ihrer schwerfälligen Gestalt und ihres unbeholfenen Schrittes schreckte die Schläfer in allen Straßen, durch die sie kamen, aus ihren Betten. Die Nachricht von dieser unerwarteten Erweiterung des Zoologischen Gartens wurde Theobald so schnell überbracht, wie Pferdefleisch, Peitsche und Sporen ihre Arbeit tun konnten. Dann kam es zu einem Austausch von Briefen hin und her zwischen dem König, dem Lord Schatzmeister und Herrn Staatssekretär Connay , ernst, ernsthaft, überlegt, als ginge es um den Abschluss oder die Ablehnung eines Friedensvertrags. In gemurmelten Sätzen, nicht laut, aber tief, zeigt der sparsame Lord Treasurer, „wie wenig er an königlichen Geschenken hängt, deren Unterhalt seinen Herrn so viel kostet wie eine Garnison". Egal. Den Beamten der Stallungen und Buckingham, dem Pferdemeister, wird befohlen , dass der Elefant täglich gut gekleidet und gefüttert werden muss, dass er aber nicht zur Tränke geführt werden darf und dass niemand ihn ohne Anweisungen seines Wärters sehen darf. Die Kamele müssen täglich im Park grasen, aber nachts zurückgebracht werden, wobei alle möglichen Vorsichtsmaßnahmen zu treffen sind, um sie vor den Blicken des Volkes zu schützen. Der Elefant wurde von zwei Spaniern und zwei Engländern versorgt, und das königliche Vierbeiner bekam königliche Kost. Seine Wärter versichern, dass er von September bis April kein Wasser, sondern Wein trinken darf, und von April bis September „muss er täglich eine Gallone Wein zu sich nehmen ". Seine Winterration betrug sechs Flaschen pro Tag, aber vielleicht nahmen ihm seine Wärter ab und zu einen Teil des verlockenden Getränks ab, das sie wahrscheinlich für zu verführerisch hielten, um es an ein Tier zu verschwenden, und sei es ein königlicher Elefant.

Als Voltaire in der Nähe von Genf lebte, besaß er einen großen Affen, der sowohl Freunde als auch Feinde angriff und sogar biss. Dieses abstoßende Haustier fügte seinem Herrn eines Tages drei Wunden am Bein zu, sodass er eine Zeit lang an Krücken humpeln musste. Er hatte das Geschöpf Luc genannt, und in Gesprächen mit engen Freunden gab er auch dem König von Preußen denselben Namen, weil, so sagte er, „Frederick wie mein Affe ist, der jeden beißt, der ihn streichelt." Erinnern Sie sich im Gegensatz dazu daran, wie der Einsiedler Thoreau die Bekanntschaft einer kleinen Maus pflegte, bis sie wirklich zahm wurde und mit seinem exzentrischen Freund eine Partie Bopeep spielte .

Nichts scheint zu merkwürdig oder unangenehm, um es mit Zuneigung zu betrachten. Lord Erskine, der schon immer großes Interesse an Tieren zeigte, hatte einmal zwei Blutegel als Lieblinge . Als er in Portsmouth gefährlich erkrankte, bildete er sich ein, sie hätten ihm das Leben gerettet. Jeden Tag gab er ihnen frisches Wasser und schloss Freundschaft mit ihnen. Er sagte, er sei sicher, dass beide ihn kannten und für seine Aufmerksamkeit dankbar waren. Er nannte sie Home und Cline, nach zwei berühmten Chirurgen, und er versicherte, dass sie ganz unterschiedliche Wesenszüge hätten; tatsächlich glaubte er, bei diesen schwarzen Zappelphilippen aus dem Schlamm Individualität zu erkennen.

Sogar Schweine hatten das Glück, das Interesse genialer Menschen zu wecken. Robert Herrick hatte ein Hausschwein, das er täglich mit Milch aus einem silbernen Krug fütterte, und Miss Martineau hatte dieselbe seltsame Vorliebe. Auch sie hatte ein Hausschwein, das sie täglich waschen und schrubben ließ. Wenn sie zu krank war, um die Operation zu beaufsichtigen, lauschte sie an ihrem Fenster auf das Quieken des Schweinchens , das verriet, dass die Operation begonnen hatte.

John Wilson, besser bekannt als Christopher North, liebte viele Haustiere und war in seinem Umgang mit ihnen ebenso einzigartig wie in allen anderen Dingen. Seine intensive Zuneigung zu Tieren und Vögeln war für den Rest der Familie oft eine Belastungsprobe, wie etwa, als seine Tochter herausfand, dass er in ihrer Kiste mit Partykleidern, die auf dem Dachboden lagerte, ein Nest für einige junge Kampfhähne gebaut hatte. Auf seinem Bibliothekstisch, wo „Angelruten Gesellschaft von Ben Jonson und Jeremy Taylor fanden, die neben einer Kiste mit Gerstenzucker ruhten", hüpfte ein zahmer Spatz, mit dem er sich angefreundet hatte, munter herum und war Herr der Lage. Dieses winzige Haustier hielt sich für den wichtigsten Bewohner des Zimmers. Es schmiegte sich in seine Weste, hüpfte auf seine Schulter und schien von der ständigen Verbindung mit einem Riesen beeinflusst zu sein, denn es wuchs an Größe, bis man behauptete, der Spatz würde allmählich zu einem Adler.

Der Reverend Gilbert White, der Autor der Naturgeschichte von Selborne , spricht von einer Schildkröte, die er streichelte, und sagt: „Ich war sehr beeindruckt von ihrer Scharfsinnigkeit beim Erkennen jener, die ihr Güte erweisen, denn sobald die gute alte Dame in Sicht kommt, die sich seit über dreißig Jahren um sie kümmert, humpelt sie mit unbeholfener Bereitwilligkeit auf ihre Wohltäterin zu, bleibt jedoch Fremden gegenüber gleichgültig." So kennt nicht nur „der Ochse seinen Besitzer und der Esel die Krippe seines Herrn", sondern das erbärmlichste und trägeste aller Reptilien erkennt die

Hand, die es füttert und ist von Gefühlen der Dankbarkeit gerührt. Denken Sie an Jeremy Bentham, der in seinem Garten eine Art Wicke anbaut, um sich die Taschen damit vollzustopfen und die Hirsche in Kensington Gardens zu füttern! „Ich erinnere mich", sagt sein Freund, der die Geschichte erzählt, „wie er mich darauf aufmerksam machte und mir erzählte, die tugendhaften Hirsche mochten sie und fraßen sie ihm aus der Hand." Wie Byron hielt er einst einen Bären als Haustier, aber er war zu der Zeit in Russland, und die Wölfe drangen in einer schrecklichen Nacht in die Kiste des armen Geschöpfs ein und rissen ihm einen Teil seines Gesichts weg, eine Schandtat, die der Philosoph bis zu seinem Tode nie vergaß oder vergab. In einer Schublade seines Esstisches hatte er immer einen Vorrat an altbackenem Brot für die „ Mäuse ".

Die Brownings hatten viele Haustiere, darunter eine Eule, die nach ihrem Tod ausgestopft und in der Bibliothek des Dichters in Ehren gehalten wurde . Sydney Smith gab vor, keine Haustiere zu mögen, vor allem mochte er keine Hunde, aber er nannte seine vier Ochsen Tug und Lug, Haul und Crawl und verabreichte ihnen Medikamente, wenn er der Meinung war, dass sie Medizin brauchten. Miss Martineau berichtet, dass ein Phrenologe, der Sydneys Kopf untersuchte, verkündete: „Dieser Herr ist ein Naturforscher, der sich mit seiner Vogel- und Fischsammlung immer wohl fühlt." „Sir", sagte Sydney und wandte sich ihm ernst mit weit aufgerissenen Augen zu, „Sir, ich kann einen Fisch nicht von einem Vogel unterscheiden." Aber diese Unwissenheit und Gleichgültigkeit waren nur vorgetäuscht. Seine Tochter schreibt über sein alltägliches Leben zu Hause: „Das Abendessen war kaum vorbei, als er nach Hut und Stock rief und zu seinem Abendspaziergang aufbrach. Jede Kuh und jedes Kalb und jedes Pferd und jedes Schwein wurde der Reihe nach besucht, gefüttert und gestreichelt, und alle schienen ihn willkommen zu heißen; er sorgte für ihr Wohlergehen, wie er für das Wohlergehen jedes Lebewesens um ihn herum sorgte." Er pflegte zu sagen: „Ich bin für allen billigen Luxus, sogar für Tiere; nun, alle Tiere haben eine Leidenschaft dafür, sich am Rückgrat zu kratzen ; sie reißen Ihre Tore und Zäune nieder, um dies zu erreichen. Sehen Sie, dies ist mein Universalkratzbaum, eine scharfkantige Stange, die auf einem hohen und einem niedrigen Pfosten ruht und für jede Körpergröße geeignet ist, vom Pferd bis zum Lamm. Sogar der Edinburgh Reviewer kann daran teilnehmen; Sie haben keine Ahnung, wie beliebt er ist." Wer könnte es sich verkneifen, an dieser Stelle das improvisierte Epigramm des Witzbolds über den sarkastischen, kleinwüchsigen Jeffrey zu wiederholen, als der ätzende Kritiker überrascht wurde, auf dem Lieblingsesel der Kinder zu reiten? „Ich erinnere mich noch an das freudige Lachen, das mein Vater bei diesem unerwarteten Anblick ausbrach, als er auf seinen alten Freund zuging und mit vor Entzücken strahlendem Gesicht ausrief:

Witzig wie Horatius Flaccus,

Ein so großer Jakobiner wie Gracchus,

Klein, aber nicht so dick wie Bacchus,

Auf einem kleinen Esel reiten."

Bevor ich mich von dem Esel verabschiede, muss ich noch den Appell von Mr. Evarts' kleiner Tochter an ihren gelehrten und richterlichen Vater in ihrem Sommerhaus in Windsor, Vermont, wiedergeben; so naiv und unwiderstehlich:

„ LIEBER PAPA , komm bald nach Hause. Der Esel ist so einsam ohne dich!"

Ich hörte einmal, wie Mr. Evarts sich bei Oberrichter Chase beklagte, er sei bei einer Partie High Low Jack von Ben, dem gelehrten Schwein, übel geschlagen worden. „Jetzt weiß ich", sagte er, „warum man zwei Pfeifen Schweinskopf nennt. Es liegt an ihrem großen Fassungsvermögen!"

Man könnte meinen, ein vielbeschäftigter Anwalt hätte keine Zeit für Haustiere, aber das ist alles andere als wahr. Burnet sagt in seiner Biographie von Sir Matthew Hale, dem bedeutendsten Anwalt zur Zeit von Charles I. und Cromwell, über ihn: „Seine Barmherzigkeit erstreckte sich sogar auf seine Tiere, denn als die Pferde, die er gehalten hatte, alt wurden, duldete er nicht, dass sie verkauft oder viel beansprucht wurden, sondern befahl seinem Diener, sie auf seinem Grundstück freizulassen und sie nur für leichte Arbeiten einzusetzen, wie zum Beispiel zum Markt zu fahren und dergleichen. Mit der gleichen Sorgfalt behandelte er auch alte Hunde. Sein Schäfer hatte einen, der vor Alter blind war, und er wollte ihn töten oder verlieren lassen, aber als der Richter davon erfuhr, ließ ihn einer seiner Diener nach Hause bringen und füttern, bis er starb. Und man sah ihn kaum jemals wütender als auf einen seiner Diener, weil dieser einen Vogel, den er hielt, vernachlässigte, sodass dieser aus Mangel an Futter starb."

Daniel Websters Vorliebe für Tiere ist wohlbekannt. Wenn seine Freunde ihn in Marshfield besuchten, war ihr erster Ausflug zu seinen Scheunen und Weiden, wo er ihnen die Schönheiten einer Alderney zeigte und mit dem ganzen Stolz eines Bauern die Zahl der Quarts erwähnte, die sie täglich gab, und hinzufügte: „Ich weiß es, denn ich habe es selbst gemessen." Choate pflegte *dazu eine Geschichte zu erzählen*. Einmal, als er den Sabbat in Marshfield verbrachte, ging er nach dem Frühstück in sein Zimmer, um zu lesen. Bald klopfte es autoritär an der Tür und Mr. Webster rief: „Was machen Sie, Choate?" Er antwortete: „Ich lese." „Oh", sagte Webster, „kommen Sie runter und sehen Sie sich die Schweine an."

Er scheuchte seinen Sohn Fletcher oft zu einer aufreizend frühen Stunde auf, um hinauszugehen und eine Laterne zu halten, während er die Ochsen mit Maiskörnern fütterte. Als er einen entschiedenen Mangel an Begeisterung bei Fletcher bemerkte, sagte er: „Diese Gesellschaft gefällt dir nicht, mein Sohn. Sie ist besser als die, die ich im Senat vorfinde." Es war eine rührende Szene, als er am letzten Tag, als er in seiner geliebten Bibliothek saß, sich danach sehnte, noch einmal in die freundlichen Gesichter seiner ehrlichen Ochsen zu blicken, und sie ans Fenster trieb, um sich zu verabschieden. Apropos Choate erinnert mich an eine komische Geschichte, wie er während eines Spaziergangs an einem Sommermorgen auf seinem Weg ein Dutzend oder mehr Dorkäfer fand, die auf dem Rücken der Straße lagen und die warme Sonne genossen. Mit großer Sorgfalt kippte er sie alle in eine normale Position, als ein Freund, der vorbeikam, neugierig fragte: „Was machen Sie da, Mr. Choate?" „Na, diese armen Geschöpfe wurden umgeworfen, und ich helfe ihnen, einen Neuanfang zu machen." „Aber", sagte der andere, „das machen sie mit Absicht; sie sonnen sich und werden gleich wieder so werden, wie sie waren." Das war ein neuer Gedanke für den verwirrten Bittsteller, aber mit einem jener seltenen Lächeln, die sein trauriges, dunkles Gesicht so wunderbar erhellten, sagte er: „Macht nichts, ich habe sie wieder in Ordnung gebracht; wenn sie wieder umkehren, geschieht das auf ihre eigene Gefahr." Und in seiner Biographie wird eine interessante Anekdote über seine menschliche Sympathie für leblose Gegenstände erzählt: „Als er als Junge die Kühe seines Vaters trieb, sagt er, ist er mehr als einmal, nachdem er seine Rute weggeworfen hatte, zurückgekommen, um sie zu suchen, hat sie zurückgetragen und unter den Baum geworfen, von dem er sie genommen hatte, denn er dachte: ‚Vielleicht gibt es doch noch eine Art Sehnsucht der Natur zwischen ihnen.'"

Es gibt so viele Anekdoten über Vögel als Haustiere, dass man damit ein weiteres dickes Buch füllen könnte. Eine der liebenswertesten Figuren von Dickens war der schwerfällige, ungestüme Lawrence Boythorn , der von seinem Haustiervogel liebevoll umkreist wurde. Im Haus von Salmon P. Chase in Washington, als dieser Finanzminister war, lebte ein Kanarienvogel, einer der zahmsten, der eine besondere Vorliebe für den ernsten, zurückhaltenden Staatsmann hatte. Er durfte frei im Zimmer umherfliegen und hatte die Angewohnheit, beim Abendessen ruhig neben dem Sekretär zu warten, bis dieser seine Fingerschale benutzt hatte; dann nahm Meister Kanarienvogel ihn in Besitz, um ein Bad zu nehmen. In Jean Paul Richters Arbeitszimmer stand ein Tisch mit einem Käfig voller Kanarienvögel. Zwischen diesem und seinem Schreibtisch verlief eine kleine Leiter, auf der die Vögel auf die Schulter des Dichters hüpfen konnten, wo sie sich häufig niederließen.

Celia Thaxter liebte Vögel. Sie schreibt: „Ich kann Ihnen nicht sagen, wie sehr ich über die Vernichtung der Vögel traurig bin. Sie wissen, wie sehr ich sie liebe; jedes zweite Gedicht, das ich geschrieben habe, hat einen Vogel zum Thema, und ich blicke mit tiefem Schmerz auf den grauenhaften Schrecken der Kopfbedeckungen der Frauen. Ich stelle jeder Frau, die Vögel trägt, Vorwürfe. Keine Frau, die diesen Namen verdient, würde an der Vernichtung dieser lieben, schönen Geschöpfe beteiligt sein wollen, und für solch eine sinnlose Torheit – ihre Köpfe wie Squaws zu schmücken – die es angeblich nicht besser wissen –, wenn ein Band oder eine Blume ihren Zweck genauso gut erfüllen und dieses schreckliche Opfer nicht mit sich bringen würden." In einem Brief beschreibt sie einen nächtlichen Besuch von Vögeln.

„Zwei oder drei der früheren saßen unten am großen Erkerfenster, und zwischen zwei und drei Uhr morgens begann es leicht zu regnen, und auf einmal füllte sich das Zimmer mit Vögeln: Singammer, Fliegenschnäpper, Zaunkönige, Kleiber, gelbe Vögel, Drosseln, alle Arten hübscher gefiederter Geschöpfe flatterten herein und setzten sich auf Bilderrahmen und Gaslampen oder wirbelten aufgeregt durch die Luft, während Scharen anderer ihre Köpfe gegen das Glas draußen schlugen und vergeblich versuchten, hineinzukommen. Das Licht schien sie anzuziehen, wie es die Motten anzieht. Wir hatten keine Ruhe, da war so ein Gedränge, so viel Geschrei und Zwitscher und Flattern . So etwas habe ich noch nie gehört; Sie etwa?

„Oh, die Vögel! Ich glaube, nur wenige Menschen erfreuen sich so sehr an ihnen wie Sie und ich. Die Singammer und Dorngrasmücken folgen mir wie Hühner, wenn sie mich pflanzen sehen. Die Schwalben landen fast auf meinem Kopf; die Kolibris *tun es* und verhaken ihre kleinen Krallen in meinem Haar; die Sperlinge auch. Ich wünschte, jemand wäre hier, der mir die verschiedenen Vögel nennt und diese unterschiedlichen Stimmen erkennt . Dieses Jahr gibt es glücklicherweise mehr Vögel als sonst. Die Frauen haben sie nicht alle ermordet, weil sie Scheiterhaufen auf ihren Köpfen tragen … Bei all den Würgern und Eulen und Katzen und Wieseln und Frauen – am schlimmsten – frage ich mich, ob es überhaupt noch einen Vogel auf diesem Planeten gibt.

„Im Hof des Hauses in Newton, wo wir früher wohnten, hatte ich die Angewohnheit, Knochen (von gekochtem Fleisch) an einem Kirschbaum zu befestigen, der in der Nähe meines Wohnzimmerfensters wuchs; und wenn der Schnee dick auf dem Boden lag, wimmelte es in diesem Baum von Blauhähern und Meisen, Spechten, Rotkopfspechten und anderen, und Spatzen (keine englischen) und verschiedenen anderen entzückenden Geschöpfen. Ich wurde nie müde, sie zu beobachten und ihnen zuzuhören. Das süße Leben der Schwalben in den kleinen Kisten auf meinem Dach ist für mich bezaubernder als die faszinierendste Oper, und ich verehre Musik. Ich glaube, ich muss in vergangenen Äonen eine bewusste Existenz als eine Art Vogel begonnen haben . Ich liebe sie so sehr! Ich stehe immer um vier auf und höre alles, was jeder Vogel zu jedem beliebigen Thema zu sagen hat. Sagen Sie mir, haben Sie jemals Hammel- und Rinderknochen für die Vögel an die Bäume direkt um das Haus gebunden, in dem Sie wohnen?"

Matthew Arnold schrieb äußerst liebevoll über seinen Kanarienvogel und seine Katze.

ARMER MATTHIAS.

Armer Matthias! Fand ihn liegend

Unter seine Stange gefallen und sterbend?

Fand ihn steif, sagst du, obwohl warm,

Hat sein kleiner Körper sich ganz aufgeregt?

Armer Kanarienvogel, viele Jahre

Er kannte seine Geliebte gut;

Jetzt nennst du vergebens seinen Namen,

Vergeblich richtete er seinen starren Körper auf.

Wärme ihn vergeblich in deinem Herzen,

Vergeblich küsse sein goldenes Wappen,

Glätte sein zerzaustes Gefieder,

Berühre seinen zitternden Schnabel mit Wein.

Noch ein Atemzug, es ist das Ende,

Tot und stumm, unser kleiner Freund.

Armer Matthias, hättest du

Mehr als Mitleid? Beanspruchst du einen Stab?

Freunde, die uns näher sind als ein Vogel

Wir verabschiedeten uns wortlos.

Rover mit dem schönen braunen Kopf,

Großer Attossa , sie sind tot;

Tot und weder Prosa noch Reim

Erzählt Loblieder auf ihre Blütezeit.

Du hast Attossa gesehen ,

Sitze stundenlang neben deinem Käfig;

Du würdest zwitschern, du dummer Vogel,

Flattert, zwitschert, sie rührte sich kein einziges Mal.

Was bedeuteten ihr diese Spielzeuge nun?

Sie sank in ihr Fell nieder;

Beäugte dich mit resignierter Seele,

Und du dachtest, Katzen wären nett.

Grausam, aber gelassen und mild,

Stumm, unergründlich und großartig,

Tiberius könnte also gesessen haben

Wäre Tiberius eine Katze gewesen?

Leb wohl, lieber Gefährte,

Lebe immer wohl und fürchte dich nicht,

So klein du auch bist,

ohne Begleitung hinunter .

Wir ohne dich, kleiner Freund,

Es sind noch viele Jahre zu verbringen;

Was übrig bleibt, wird kaum

Besser als das, was wir mit dir verbracht haben.

Maclise war, wenn wir diesen Ausdruck verwenden dürfen, einer der engsten Vertrauten von Dickens' berühmtem Raben. Der Brief, in dem die trauernden Besitzer Maclise den Tod dieses interessanten Vogels mitteilten, wurde veröffentlicht, aber die Antwort des Künstlers wird nun zum ersten Mal gedruckt:

„ 13. März 1841.

„ MEIN LIEBER DICKENS , ich habe gestern Abend um elf die traurige Nachricht vom Tod unseres Freundes erhalten und war wirklich schockiert. Ich habe die Nachricht gerade dem armen Forster überbracht, der, da bin ich mir sicher, unser tiefes Mitgefühl für unseren Verlust empfinden wird.

„Ich weiß nicht, was die wahrscheinliche Todesursache ist – ich lehne die Idee des Metzgerjungen ab, denn die Befehle, die er (des Raben) zu seinen Lebzeiten aufgrund des Raben selbst erhalten haben muss, müssen beträchtlich gewesen sein – ich halte eher an der Vorstellung eines *Selbstmords fest* , aber das wird zweifellos bei der Obduktion herauskommen. Wie gesegnet sind wir, in Mr. Wakely einen so intelligenten Leichenbeschauer zu haben ! Ich denke, er hatte genau jene ernsten, melancholischen Gewohnheiten , die die erkennbaren Zeichen eines beabsichtigten Selbstmords sind – sein einsames Leben – diese düsteren Töne, wenn er sprach – was immer sinnvoll war, wie seine letzten Sterbeworte zeigen – ‚Hallo, altes Mädchen!‘, die Fröhlichkeit und triumphierende Ergebung ausstrahlen – sein feierlicher rabenschwarzer Anzug, der nie rostete – insgesamt war sein Charakter der Prototyp eines Byron-Helden und sogar eines Scott – eines Herrn von Ravenswood – Wir sollten froh sein, dass er seine Familie hatte, schätze ich; er scheint es jedoch beabsichtigt zu haben, denn seine Besorgnis, seine Ersparnisse in diesen Banken im Garten zu deponieren, war immer sehr rührend. Ich nehme an, seine Trauerfeier wird gleich stattfinden. Es ist wunderschön, die Vorstellung, dass er bald nach seinem Tod an den Ort seiner frühen Jugend und all seiner freudigen Erinnerungen zurückkehrt, um mit verwandtem Staub inmitten der Haine seiner Vorfahren zu liegen, nachdem er herausgekommen war und so viel Aufsehen in der Welt erregt hatte, nachdem er sich eindeutig einen Platz in dieser von Dickens gelenkten Unsterblichkeitskutsche gesichert hatte.

„Ja, er beging Selbstmord. Er hatte das Gefühl, dass er es getan hatte und mit dem Leben fertig war – mit den Hunderten von Jahren!! Was bedeuteten sie ihm? Es gab nichts, wofür es sich zu leben lohnte – und er beging diese überstürzte Tat.

„ Mit freundlichen Grüßen ,

„ D. MACLISE .“

Die zahme Taube von Thurlow Weed schien nach seinem Tod untröstlich. Wenn ein Herr zu Besuch kam, ließ sich der Vogel auf seiner Schulter nieder, gurrte und sah ihm ins Gesicht. Als er dann feststellte, dass es nicht sein lieber Freund war, suchte er traurig einen anderen Platz. Miss Weed schreibt: „Seit dem Tag, an dem die sterblichen Überreste seines Vaters weggebracht wurden, sucht das liebevolle Geschöpf nach seinem Herrn. Er fliegt durch jedes Zimmer im Haus und treibt sein Unwesen in der Bibliothek. Jeden Tag kommt der Trauervogel mehrmals vorbei und sieht sich im Zimmer um. Er tritt jeden Zentimeter des Wohnzimmers ab und geht dann zum Teppich, über den er wiederholt läuft, als ob er die Ankunft seines toten Herrn erwartet. Kommt ihm das nicht wie menschliche Trauer vor?"

Whittier schrieb viel über seinen Papagei. Lesen Sie sein Gedicht „Die Frage des Vogels". Nach seinem tragischen Ende schrieb der Quäkerbarde über ihn: „Ich habe einen echten Verlust erlitten. Der arme Charlie ist tot. Er ist dorthin gegangen, wo die guten Papageien hingehen. Er war eine Zeit lang kränklich und still, und schließlich starb er. Lachen Sie mich nicht aus, aber es tut mir so leid, dass ich weinen würde, wenn es etwas nützen würde. Er war ein alter Freund. Lizzie mochte ihn. Und er war der herzlichste, fröhlichste, angenehmste alte Kerl, den ich je gesehen habe." Er saß beim Essen immer auf der Stuhllehne seines Herrchens; manchmal war er geradezu schändlich gotteslästerlich, besonders wenn er in Momenten äußerster Aufregung über den Blitzableiter auf den Kirchturm kletterte und dort an einem Sonntagmorgen tanzte, sang und fluchte, was die Passanten amüsierte und seinen Besitzer schockierte. Schließlich fiel er den Schornstein hinunter und wurde zwei Tage lang nicht entdeckt. Er wurde mitten in der Nacht gerettet und starb, obwohl er sich teilweise erholte. Whittier sagte: „Wir haben den armen Charlie anständig begraben. Wenn es ein Paradies für Papageien gibt, sollte er dort sein." Er hatte auch einen Zwerghahn als Haustier, der auf seiner Schulter saß und sich gern in seinen Mantel einknöpfte. Grace Greenwood spricht in Heads or Tails von einem diplomatischen Papagei, der Seward in Washington gehörte, an politischen Diskussionen teilnahm, versuchte, Sumner niederzuschreien, und so mitfühlend war, dass er Symptome einer Bronchitis zeigte, als sein Herrchen hustete.

In einer vertrauenswürdigen Sammlung von Grabinschriften findet sich diese urige, mit altmodischer Förmlichkeit versehene Hommage an einen Hausvogel:

„Hier liegt, drei Monate alt, der Körper von Richard Acanthus, einem jungen Menschen mit makellosem Charakter. Er wurde in seiner unreifen Kindheit von der rauen und erbarmungslosen Hand eines zweibeinigen Tieres ohne Federn aus den Flügeln eines zärtlichen Elternteils gerissen.

„Obwohl er mit einer äußerst ehrgeizigen Veranlagung und einer unbeugsamen Liebe zur Freiheit geboren wurde, wurde er in einem vergitterten Gefängnis eingesperrt und durfte kaum jene Felder sehen, zu denen er unzweifelhaft das uneingeschränkte Recht hatte.

„Er war sich dieser Verletzung seiner natürlichen Rechte zutiefst bewusst und wurde oft gehört, wie er in den klagendsten Tönen harmonischer Trauer um Wiedergutmachung bat. Schließlich brach seine gefangene Seele aus dem

Gefängnis, was sein Körper nicht konnte, und hinterließ einen leblosen Haufen schöner Federn.

„Wenn leidende Unschuld auf Vergeltung hoffen kann, dann verwehren Sie dem sanften Schatten dieses unglücklichen Gefangenen nicht die bescheidene, wenn auch unsichere Hoffnung, eine glücklichere Gestalt anzunehmen oder seine neu entfalteten Schwingen in einem glücklichen Elysium auszuprobieren, außerhalb der Reichweite des MENSCHEN , des Tyrannen dieser Unterwelt."

Nur wenige Frauen sind so tierlieb wie Sarah Bernhardt. Auf all ihren Reisen hat sie fünf oder sechs davon dabei. In New York wohnt die französische Schauspielerin im Hoffman House. Als der Schriftsteller sie dort das letzte Mal besuchte, wurde er beim Betreten des Wohnzimmers von einem halben Dutzend Hunden empfangen, die in Größe und Art vom riesigen Bernhardiner bis zum winzigen, zitternden schwarzbraunen Hund reichten.

Die Schauspielerin erhob sich von einem niedrigen Diwan und streckte ihrem Gast eine Hand entgegen, während sie mit der anderen zwei sehr kleine Schlangen an ihre Brust drückte. Nachdem sie wieder auf dem Diwan Platz genommen hatte und sich unterhielt, streichelte sie die Schlangen oder ließ sie nach Belieben über ihren Körper zappeln.

Auf Fragen antwortete Madame Bernhardt, dass die Schlangen in der berühmten Szene verwendet wurden, in der Kleopatra die Natter an ihre Brust drückt und stirbt. Die Schauspielerin erklärte, dass die Schlangen, mit denen sie spielte, ihr von einem Herrn in Philadelphia geschenkt wurden. Sie sprach bedauernd über den Tod der Schlangen, die sie aus Frankreich mitgebracht hatte und die den Strapazen der Seereise erlegen waren.

Emily Crawford erzählt einige gute Geschichten über „Den älteren Dumas", die wohl schneidigste und malerischste Figur der gesamten Literatur. Wir zitieren einen Absatz, der Dumas' Vorliebe für Tiere zeigt:

„In seinem architektonischen Meisterwerk Monte Cristo in der Nähe von Saint-Germain- en - Laye , das er für über 700.000 Francs erbaute und 1848 für 36.000 Francs verkaufte, besaß Dumas nicht eingezäunte Anlagen und Gärten, die zusammen mit dem Haus nicht nur einer Menge böhmischer ‚Schmarotzer' Unterkunft und Unterhaltung boten, sondern auch allen Hunden, Katzen und Eseln, die sich dort einquartierten. Die Nachbarn nannten es , *la Maison de Bon Dieu* '. Im Park gab es eine Menagerie, die von drei Affen bevölkert war; Jugurtha , der Geier, dessen Transport aus Afrika, woher Dumas ihn holte, 40.000 Francs kostete (es würde zu lange dauern, zu erzählen, warum); ein großer Papagei namens Duval; ein Ara namens Papa und ein anderer namens Everard ; Lucullus, der Goldfasan; Cæsar , der Kampfhahn; ein Pfauenhuhn und ein Perlhuhn; Myeouf II, die Angorakatze, und der schottische Vorstehhund Pritchard. Dieser Hund war ein Charaktertyp. Er liebte die Gesellschaft von Hunden und saß immer auf der Straße und hielt nach anderen Hunden Ausschau, um sie einzuladen, ihm in Monte Cristo Gesellschaft zu leisten. Sein Herr brachte ihn nach Ham, um Louis Napoleon zu besuchen, als dieser dort gefangen war. Letzterer wollte Pritchard behalten, rechnete aber mit der Intelligenz des Tieres, als er Dumas vor seinen Augen bat, ihn zurückzulassen. Der Vorstehhund stieß ein so jämmerliches Geheul aus, dass der Gefängnisdirektor die Genehmigung, die er seinem Gefangenen erteilt hatte, ihn zu behalten, zurückzog."

Es ist schwer, sich ein erschaffenes Ding vorzustellen, das nicht irgendjemand interessant genug fand, um es zu streicheln!

Plinius erzählt uns von einer Kuh, die einem pythagoräischen Philosophen auf all seinen Reisen folgte. Der stolze Wolsey war mit einem ehrwürdigen Karpfen auf vertrautem Fuß. Der heilige Antonius hatte eine Vorliebe für Schweine. Frank Buckland mochte Ratten. Buffons Kröte ist historisch geworden. Clive besaß eine Schildkröte als Haustier. Gautier schrieb über seine Eidechsen, Elstern und Chamäleons. Schmetterlinge und Grillen wurden domestiziert und als ansprechbar empfunden. Rosa Bonheur wurde immer von zwei großen Hunden begleitet, einer auf jeder Seite, während in ihrem Haus ein Lieblingsaffe auf ihrer Treppe spielte und Besucher mit seinen Sprüngen und Streichen unterhielt. Cowper ließ seine Melancholie fallen, indem er mit Hasen spielte, und verewigte seine eher undankbaren Rentner in Versen:

Nun, einer ist wenigstens sicher. Ein geschützter Hase

Hat noch nie den blutigen Schrei gehört

Von einem grausamen Mann, der in seinem Leid frohlockt,

Unschuldiger Partner meines friedlichen Heims,

Die zehn Jahre meiner Fürsorge

Hat endlich vertraut gemacht; sie hat verloren

Ein Großteil ihrer wachsamen, instinktiven Furcht,

Das ist hier, unter einem Dach wie meinem, nicht nötig.

Ja, du darfst dein Brot essen und die Hand lecken

Das ernährt dich; du kannst auf dem Boden herumtollen

Abends und nachts ziehe dich sicher zurück

Zu Deinem Strohbett und schlafe ungestört;

Denn ich habe dein Vertrauen gewonnen, habe versprochen

Alles Menschliche in mir zu beschützen

Deine ahnungslose Dankbarkeit und Liebe.

Wenn ich dich überlebe, werde ich dein Grab graben.

Und wenn ich dich hineinlege, sage ich seufzend:

Ich kannte mindestens einen Hasen, der einen Freund hatte.

James M. Hoppin berichtet in seinem Buch „Old England" von seinem Besuch in Olney, wo Cowper lebte. Er ging in die Räume, in denen er seine Hasen Puss, Bess und Tiny hielt. Über den Veteranen, der dieses berühmte Trio überlebte, schrieb Cowper:

Obwohl er mir gebührend aus der Hand nahm

Sein Hungerlohn jede Nacht,

Er tat es mit einem eifersüchtigen Blick,

Und wenn er konnte, hat er zugebissen.

Dr. John Hall wurde letzten Winter dabei beobachtet, wie er durch den Central Park stapfte, gefolgt von einer Horde verspielter kleiner, fröhlicher Eichhörnchen. Er hatte sie mit Nüssen gefüttert, und sie streuten den Schnee in Wolken, während sie in der Hoffnung, mehr zu bekommen, durch die Gegend huschten.

Es wäre interessant, die Aussagen zahlreicher bedeutender Personen zu zitieren, die an die Unsterblichkeit der niederen Tiere glauben.

Lord Shaftesbury sagt: „Ich habe immer an eine glückliche Zukunft für Tiere geglaubt. Ich kann nicht sagen oder vermuten, wie oder wo, aber ich bin sicher, dass die Liebe, die sich so zeigt, insbesondere bei Hunden, eine Ausstrahlung des göttlichen Wesens ist und als solche niemals ausgelöscht werden kann oder vielmehr wird. "

Frances Power Cobbe schrieb: „Ich glaube fest an ein höheres Dasein im Jenseits, sowohl für mich selbst als auch für diejenigen, die aufgrund ihres weniger glücklichen Lebens auf Erden ein weitaus größeres Recht darauf haben, und zwar aufgrund ewiger Liebe und Gerechtigkeit."

Mr. Somerville sagte: „Ich glaube, wir werden die lieben Tiere kennenlernen. Sie leiden hier so oft, dass sie wieder leben müssen! Schmerz scheint ein schwacher Beweis für Unsterblichkeit zu sein, aber Theologen verwenden ihn, und wir finden viele große Seelen, die glauben und hoffen, dass Tiere auch ein weiteres Leben haben können. Agassiz glaubte fest daran. Bischof Butler sah keinen Grund, warum die latenten Kräfte und Fähigkeiten der niederen Tiere in Zukunft nicht entwickelt werden sollten, und in seiner Analogie der Religion bemühte er sich, diesen Gedankengang umzusetzen und zu zeigen, dass die niederen Tiere jene geistigen und moralischen Eigenschaften besitzen, von denen wir bei uns selbst zugeben, dass sie dem unsterblichen Geist und nicht dem vergänglichen Körper zuzuschreiben sind."

Der Reverend JG Wood hat ein äußerst interessantes Buch über Mensch und Tier geschrieben: Hier und im Jenseits, mit dem besonderen Ziel, die Unsterblichkeit der tierischen Schöpfung zu beweisen und zu zeigen, dass sie mit dem Menschen die Eigenschaften Vernunft, Sprache, Gedächtnis, moralische Verantwortung, Selbstlosigkeit und Liebe teilen, die alle zum Geist und nicht zum Körper gehören.

Bayard Taylor sagt: „Wenn jemand eine niedere Form spirituellen Wesens vermuten sollte, die dennoch ebenso unzerstörbar ist, wer sollte dann beunruhigt sein?" „Ja, sie haben alle den gleichen Atem, sodass ein Mensch keinen Vorrang vor einem Tier hat, denn alles ist Eitelkeit", sagte der Prediger vor mehr als zweitausend Jahren. In Taylors Gedicht an ein altes Pferd, Ben Equus , das auf der Farm starb, als er ein junger Mann war, verwendet er denselben Gedanken:

Denn ich kann von Treue wie deiner träumen,

Möge etwas von dem Wesen in dir vor dem Verfall bewahrt werden,

Das, nicht vernachlässigt von der göttlichen Seele,

Dein Wesen erhebt sich auf unbekanntem Weg.

Ein Zwischenhimmel, wo die Felder frisch sind,

Und goldene Ställe, tief mit Farn übersät;

Wo das Unrecht verblasst, das die Pferde im Fleisch kannten,

Und all die Freude, die die Pferde empfanden, kehrt zurück.

Frau Charles schreibt:

Ist das alles im Nichts verloren,

Solche Freude, Liebe, Hoffnung und Vertrauen,

Solche geschäftigen Gedanken, unsere Gedanken zu erraten,

Alles zu Staub zertrampelt?

Oder kommt da noch was

Vor all unserer Wissenschaft verborgen,

Über die geduldigen Kreaturen dumm

Ein noch zu lüftendes Geheimnis?

über den Tod eines geliebten Spaniels schreibt, bringt er denselben Glauben zum Ausdruck:

... Mein Glaubensbekenntnis ist nicht eng,

Und der dich schuf, schuf nicht

Das Mysterium des Lebens ist der Sport

Des gnadenlosen Menschen. Es gibt eine andere Welt

Für alle, die leben und sich bewegen – ein besseres,

Wo die stolzen Zweibeiner, die sich gern einsperren würden

Unendliche Güte für die kleinen Grenzen

Sie könnten dich um ihre eigene Wohltätigkeit beneiden.

Mrs. Mary Somerville schrieb im Alter von 89 Jahren diese Worte: „Wenn Tiere keine Zukunft haben, ist das Leben vieler äußerst elend. Unzählige werden zu Lebzeiten ausgehungert, grausam geschlagen und belastet; viele sterben bei barbarischen Vivisektionen. Ich kann nicht glauben, dass irgendein Geschöpf für bedingungsloses Elend geschaffen wurde; das wäre im Widerspruch zu Gottes Gnade und Gerechtigkeit. Ich bin aufrichtig froh, dass ich nicht der einzige bin, der an die Unsterblichkeit der niederen Tiere glaubt." Lamartine äußerte in einer Ansprache an seinen Hund denselben Gedanken, und viele andere weise Männer haben gehofft, dass eine solche Zukunft Wirklichkeit werden würde.

Reverend Henry Storrs sagt, dass es am klügsten ist, Tiere freundlich zu behandeln, denn wenn wir ihnen jemals wieder begegnen, wird es angenehmer sein, sie auf unserer Seite zu haben.

Henry Ward Beecher bekannte sich oft zu seiner Liebe zu Pferden, wie in seinem einzigen Roman Norwood:

„Ich sage Ihnen", sagte Hiram und drehte sich leicht zum Arzt um, „diese Pferde sind so menschlich, wie es für sie gut ist . Ein gutes Pferd hat genauso viel Verstand wie ein Mensch; und es ist auch stolz, und es liebt es, gelobt zu werden, und es weiß, wenn man es mit Respekt behandelt. Ein gutes Pferd hat die besten Seiten eines Menschen ohne seine Schwächen ."

„Was, glaubst du, wird aus Pferden, wenn sie sterben, Hiram?", sagte Rose.

„ Nun , Miss Rose, ich bin der Meinung, dass Pferde im Jenseits noch von Nutzen sind und dass Sie feststellen werden, dass es ein Pferdeparadies gibt. Auch dafür gibt es in der Heiligen Schrift eine Erklärung."

„Ah!", sagte Rose, ein wenig überrascht über diese selbstbewussten Behauptungen. „Welche Bibelstelle meinst du?"

„Warum, im Buch der Offenbarung? Gibt es da nicht einen Bericht über ein weißes Pferd, ein rotes Pferd, schwarze Pferde und graue Pferde? Ich habe alle Ich nehme an , wenn es heißt, der Tod ritt auf einem blassen Pferd, muss es grau gewesen sein, denn weiß war schon einmal erwähnt worden. Im neunten Kapitel heißt es auch, es gab eine Armee von zweihunderttausend Reitern. Nun, ich würde gern wissen, woher sie so viele Pferde im Himmel haben, wenn keiner von denen, die hier sterben, dorthin kommt? Ich bin der Meinung, dass ein gutes Pferd verdammt viel wahrscheinlicher in den Himmel kommt als ein schlechter Mensch!"

Wenn wir die Überlegenheit eines edlen Pferdes gegenüber seinem brutalen oder betrunkenen Fahrer sehen, scheint dies zumindest möglich, und die meisten von uns haben schon einmal ein Haustier verloren, das wir lieber wiedersehen würden als die Mehrheit unserer Bekannten.

Helen Barron Bostwick „ihre hübsche braune Stute unter dem Kirschbaum begraben hat", fragt sie:

Ist das das Ende?

Wissen Sie?

und schließt ihr Gedicht wie folgt:

Ist es schlimm zu glauben,

Das, eine neuere Form empfangend,

Sie finden vielleicht einen größeren Wirkungskreis,

Ein erfüllteres Leben führen als hier?

Dass die sanften, flehenden Augen,

Von seltsamen Geheimnissen heimgesucht,

Finden Sie ein erweitertes Feld,

Zu neuen, unverschlossenen Schicksalen;

Oder, dass in der reifen Blüte

Von einer fernen Sommerzeit,

Durchstreife dieses unbekannte Reich,

Vielleicht finden wir unsere Haustiere wieder.

Sir Edwin Arnold hat viel Berührendes über Tierfreunde übersetzt. Eine Sünderin, die zum Tod durch Steinigung hinausgeführt wurde, wurde vom König begnadigt, weil sie selbst in dieser schrecklichen Krise Mitleid mit einem sterbenden Hund hatte:

Auf das Wasser starrend, außer Reichweite,

Und in stiller Rede um Beistand betend,

So mitleiderregend waren seine Augen, dass sie, als sie sah,

Diese Frau zog ihren Schuh aus ihrem Fuß,

Wenn auch todtraurig und sich auflösend

Die lange Seide ihres Gürtels bildete eine Tasse

Von der Fersenhöhle, und so lass es sinken

Bis es den Rand des kühlen, schwarzen Wassers berührte,

So füllte er den bestickten Schuh und ließ einen Zug

Zum erschöpften Tier.

Dieses wilde Tier

Bezeugt für dich, Schwester! Deren schwache Brust

Der Tod konnte nicht unfreundlich werden. Ich halte die Herrschaft

An Allahs Stelle, der barmherzig ist,

Und hoffe auf Gnade; darum geh frei –

Ich wage es nicht, dir gegenüber weniger Mitleid zu zeigen!

Wir schicken Missionare in den Osten, um diejenigen zu unterrichten, die aufgrund ihres reinen Lebens, ihrer erhabenen Ziele und ihrer Barmherzigkeit gegenüber der rohen Schöpfung in mancher Hinsicht gut dazu geeignet sind, uns zu unterweisen. Wie wunderbar ist die Geschichte des Mannes, der nicht in den Himmel kommen und seinen Hund zurücklassen wollte!

Aber der König antwortete: „O du Weiser,

Wer weiß , was war, was ist und was sein wird,

Noch eine Gnade: dieser Hund hat mit mir gefressen,

Er ist mir gefolgt und hat mich geliebt: Muss ich ihn jetzt verlassen?"

„Monarch", sprach Indra , „du bist jetzt wie wir –

Unsterblich, göttlich – du bist ein Gott geworden;

Ruhm und Macht und himmlische Gaben,

Und alle Freuden des Himmels gehören Dir für immer.

Was hat das Tier mit diesen zu tun? Lass deinen Hund hier."

Doch Yudhishthira antwortete: „O Allerhöchster,

O Tausendäugiger und Weiser; kann es sein,

Dass ein Erhabener erbarmungslos erscheinen soll?

Nein, laß mich diesen Ruhm verlieren; um seinetwillen

Ich würde kein einziges Lebewesen zurücklassen, das ich liebe."

Dann streng Indra sprach : „Er ist unrein,

Und solche werden Swarga nicht betreten.

Die Hand des Krodhavasha zerstört die Früchte

Vom Opfer, wenn Hunde das Feuer verunreinigen.

Besinne dich, Dharmaraj , verlasse jetzt dieses Tier;

Was anständig ist, ist nicht hartherzig ."

Dennoch antwortete er: „ Es steht geschrieben, dass die Verschmähung

Ein Bittsteller ist gleichbedeutend mit Mord

Ein Zweifachgeborener; darum nicht für Swargas Glück

Ich , Mahendra , verlasse diesen armen, anhänglichen Hund.

So rettet mich keine Hoffnung und kein Freund,

So wehmütig, schmeichelnd für meine Treue,

So qualvoll zu sterben, es sei denn, ich helfe

gerecht galt . "

Spricht Indra : „Nein, die Altarflamme ist übel

Wo ein Hund vorbeigeht , fegen zornige Engel

Abgesehen vom aufsteigenden Rauch und all den Früchten

Vom Opfer und vom Wert des Gebets

Von dem, den ein Hund berührt . Lass es hier;

Wer in den Himmel kommen will, muss rein eintreten.

Warum hast du deine Brüder auf dem Weg verlassen,

Und Krishna und die geliebte Draupadi ,

Fest und herrlich gelangt zu diesem Berg

Durch perfekte Taten für ein Tier verweilen?

Hat Yudhishthira sich selbst besiegt, um zu schmelzen

Mit einer armseligen Leidenschaft an der Tür der Glückseligkeit?

Bleibst du dafür, der du nicht für sie bliebst –

Draupadi , Bhima ?“

Doch der König sprach noch :

„ Es ist bekannt, dass niemand den Toten wehtun oder helfen kann.

Sie, die Entzückenden, die sanken und starben,

Wenn ich meinen Spuren folge, könnte ich nicht wieder leben

Obwohl ich mich umgedreht hatte, drehte ich mich dennoch nicht um.

Aber wenn der Gewinn helfen konnte, hatte ich mich an die Hilfe gewandt.

Es gibt vier Sünden, oh Sakra , schwere Sünden:

Das erste ist, die Bittsteller zur Verzweiflung zu bringen,

Die zweite ist, eine stillende Frau zu töten,

Die dritte ist die gewaltsame Plünderung der Güter der Brahmanen,

Das vierte ist die Verletzung eines alten Freundes.

Diese vier halte ich für eine Sünde,

Wenn man aus dem Elend zum Glück kommt,

Dann lasst jeden noch so gemeinen Kameraden im Stich.“

Während er sprach , lächelte der strahlende Indra .

Der Hund verschwand und an seiner Stelle stand

Der Herr des Todes und der Gerechtigkeit, Dharmas Selbst.

Süß waren die Worte, die von diesen schrecklichen Lippen fielen,

Kostbar das schöne Lob: „O du wahrer König,

Du, der den wahren Samen zur Ernte bringt

Von Pandus Gerechtigkeit; du, der du ruth hast

Wie er zuvor auf alles Lebendige! O Sohn,

Ich habe dich im Dwaita -Wald versucht, zu welcher Zeit

Sie schlugen deine Brüder, indem sie Wasser brachten; dann

Du hast für Nakulas Leben gebetet , zärtlich und gerecht,

Weder Bhimas noch Arjunas , getreu beiden,

An Madri wie an Kunti , an beide Königinnen.

Höre mein Wort: Weil du nicht aufgestiegen bist

Dieses göttliche Auto, damit der arme Hund nicht verflucht wird

Wer hat dich angesehen? Siehe, im Himmel ist keiner

Soll über dir sitzen, König Bharatas Sohn!

Tritt nun ein in die ewigen Freuden,

Lebendig und in deiner Gestalt. Gerechtigkeit und Liebe

Willkommen, Monarch. Du wirst mit ihnen auf dem Thron sitzen.“

Als Landwirt und Butterhersteller möchte ich eine Abhandlung über „Die intellektuelle Kuh“ aus dem London Spectator zusammenfassen:

Der Autor weist den allgemeinen Eindruck zurück, die Kuh sei bloß eine Futtermaschine, und beweist, dass ihre geistigen Qualitäten noch nie gerecht geworden sind und sie daher Anspruch auf mehr respektvolle Beachtung hat.

Kühe besitzen zweifellos eine ausgeprägte Individualität, und in jeder Herde gibt es einen Anführer, der die anderen anführt und beherrscht oder als Anführer bei Unfug auftritt. Sie lernen schnell ihre eigenen Namen und werden auf sie hören und machen selten Fehler, was ihre eigenen Ställe betrifft. Sie werden zweifellos auch von Zuneigung beeinflusst und geben einem Freund eher Milch als jemandem, der in seinem Benehmen brutal ist.

Darüber hinaus genießen sie Streicheleinheiten genauso wie Menschen und begrüßen jeden mit Freude, der ihnen Kartoffeln, Apfelschalen oder

Brotstücke als Opfergabe bringt oder ihnen den Luxus einer kräftigen Massage an Kopf und Nacken gönnt.

Charles Dudley Warner zollt in Being a Boy dem Martial Turkey glühende Anerkennung:

„Vielleicht ist es nicht allgemein bekannt, dass wir die Idee einiger unserer besten militärischen Manöver vom Truthahn haben. Das Aufstellen der Schützenlinie vor einer Armee ist eine davon. Der Tambourmajor unserer Feiertagsmilizkompanien ist genau dem Truthahnfresser nachgeahmt: Er hat dieselbe prächtige Erscheinung, denselben stolzen Schritt und dasselbe kriegerische Aussehen. Der Truthahn führt seine Truppen nicht auf dem Feld an, sondern geht hinter ihnen her, wie der Oberst eines Regiments, damit er jeden Teil der Linie sehen und ihre Bewegungen lenken kann. Diese Ähnlichkeit ist eines der merkwürdigsten Dinge in der Naturgeschichte. Ich beobachte gern, wie der Truthahn seine Truppen in einem Heuschreckenfeld manövriert. Er wirft seine Kompanie von zwei Dutzend Truthähnen in einer halbmondförmigen Schützenlinie aus, die Anzahl in gleichmäßigen Abständen, während er majestätisch im Hintergrund marschiert. Sie rücken schnell vor, schlagen rechts und links zu, mit militärischer Präzision, töten den Feind und entsorgen die Leichen mit demselben Schnabelhieb. Noch hat niemand herausgefunden, wie viele Heuschrecken ein Truthahn fressen kann; aber er ist ganz wie ein Junge bei einem Thanksgiving-Dinner – er isst weiter, solange der Vorrat reicht. Bei einem dieser Raubzüge lässt sich der Truthahn nicht dazu herab, eine einzige Heuschrecke zu schnappen – zumindest nicht, wenn ihn jemand beobachtet. Aber ich nehme an, er gleicht das aus, wenn seine Würde nicht dadurch verletzt werden kann, dass er Zuschauer seiner Gefräßigkeit hat; vielleicht stürzt er sich auf die Heuschrecken, wenn sie in eine Ecke des Feldes getrieben werden. Aber er mästet sich nur für die Vernichtung; wie alle gierigen Menschen nimmt er ein böses Ende. Und wenn die Truthähne eine Sonntagsschule hätten, würde man ihnen das beibringen."

Josh Billings, in seinem Animile Statistix bewies, dass er ein aufmerksamer Beobachter war. In diesem komischen Potpourri sagt er:

„Katzen sind anhänglich, sie lieben junge Hühner, süße Sahne und den schönsten Platz vor dem Kamin.

„Hunde sind treu; sie bleiben an einem Knochen hängen, auch wenn alle ihn verlassen haben.

„Der Ochse weiß Das ist die Krippe seines Meisters, und das ist alles, was er tut kennen oder kümmern Sie sich um seinen Meister.

„ Munkeys sind Nachahmer, aber wenn sie keine Teufelei nachahmen können, sind sie nicht glücklich.

„Die Gans ist wie alle anderen Phools – Alwuss scheint es kaum erwarten zu können, das zu beweisen.

„Enten sind nur in einer Sache schlau: Sie legen ihre Eier an so versteckten Stellen, dass sie sie manchmal selbst nicht wiederfinden .

„Die Mushratte Er kann einen harten Winter vorhersehen und sich darauf vorbereiten, aber er kann nicht verhindern , in einer dümmsten Falle gefangen .

„Hühner wissen, wann es regnen wird und suchen Schutz , aber sie werden versuchen, ein Glasei auszubrüten, genauso ehrlich , wie sie es von sich aus tun würden.

„Der Kuckuck Sie ist die größte Ökonomin unter den Vögeln; sie legt ihre Eier in die Nester anderer Vögel und lässt diese die Eier in aller Ruhe ausbrüten .

„Ratten haben weniger Freunde und mehr Feinde als alle anderen vierbeinigen Tiere auf der Erde , und dennoch gibt es heute genauso viele Ratten wie in den besten Tagen des Römischen Reiches."

„Das Pferd immer Der Hund steht zuerst mit den Vorderbeinen vom Boden auf, der andere mit den Hinterbeinen, und dreht sich dreimal um, bevor er sich hinlegt.

„Das Känguru springt, wenn es geht, der Waschbär geht auf und ab, wenn er trabt, der Hummer bewegt sich rückwärts genauso schnell wie vorwärts.

„Der Elefant hat die wenigsten und das Kaninchen die meisten Augen für ihre Größe, und der Schwanz einer Ratte ist gerade so lang wie hiz Körper ."

Das Allerneueste, was Hundeliebhaber interessieren könnte, ist die Ankündigung, dass Bismarck auf der Hundeausstellung in Boston einen knapp 900 Gramm schweren King Charles Spaniel gekauft hat.

Meine Sammlung ist jetzt so vollständig, wie es die Zeit und die Verlage zulassen. Als Eigentümer möchte ich ankündigen, dass mein Literarischer Zoo jetzt rund um die Uhr (gegen eine angemessene Gebühr) für alle geöffnet ist, die sich für das interessieren, was wir voller Eitelkeit und möglicherweise Unwissenheit die niederen Ordnungen der Schöpfung und die dummen Bestien nennen.

DAS ENDE.